税 税务干部培训系列丛书

U0657002

Nashui Fuwu Shiwu

纳税服务实务

鞠志倩　著

东北财经大学出版社
Dongbei University of Finance & Economics Press

大连

图书在版编目（CIP）数据

纳税服务实务／鞠志倩著．—大连：东北财经大学出版社，2015.1
（2016.1重印）
（税务干部培训系列丛书）
ISBN 978-7-5654-1589-0

Ⅰ．纳…　Ⅱ．鞠…　Ⅲ．税收管理-中国　Ⅳ．F812.423

中国版本图书馆 CIP 数据核字（2014）第 148723 号

东北财经大学出版社出版
（大连市黑石礁尖山街 217 号　邮政编码　116025）
教学支持：（0411）84710309
营 销 部：（0411）84710711
总 编 室：（0411）84710523
网　　址：http：//www.dufep.cn
读者信箱：dufep @ dufe.edu.cn
大连美跃彩色印刷有限公司印刷　　东北财经大学出版社发行

幅面尺寸：170mm×240mm　　字数：178 千字　　印张：8　　插页：1
2015 年 1 月第 1 版　　　　　　　2016 年 1 月第 2 次印刷

责任编辑：孙晓梅　石建华　　　　　　责任校对：刘咏宁
封面设计：冀贵收　　　　　　　　　　版式设计：钟福建

定价：32.00 元

税务干部培训系列丛书编审委员会

总　序

　　为推进税务干部教育培训质效的提升，引导和激励教师结合税收工作实际编撰高品质的参考资料，自 2012 年起，辽宁税务高等专科学校安排专项资金用以资助教师出版培训教材。即将出版的《税务干部培训系列丛书》便是 2014 年学校资助的项目。三年来，此类教材已出版 16 部，其中多部教材在教育培训中发挥了重要作用。在经历了初步的探索与实践之后，我们有必要进行回顾与沉淀，以利在总结中前行，在思考中提升。为此，欣然命笔，权作且行且思之悟。

　　成人培训有其特有的规律，税务干部的教育培训更需要在遵循成人学习规律的基础上不断强化其专业性、针对性与实效性。在实践中我们普遍感到，一些与税收工作紧密相连的业务课程单纯依靠教师讲授是远远不够的，税务干部急需与之相配套的参考教材。从普通教育上讲，教材建设是一个学科发展的基础性工程，对专业人才的培养十分重要，优秀的具有鲜明特色的专业教材甚至可以影响几代人，其所发挥的社会辐射力或学术影响力是巨大的。从成人教育培训上讲，尽管由于政策和形势的变化等不确定因素较多，很难使一部教材成为经久不衰的经典，但其及时补充培训课堂知识的功能始终无法替代，与培训教学相互辉映、相得益彰的功效始终持续久远。

　　培训是需要内化于心、外化于形的。培训教材就是这种融知识与方法的学习、掌握、巩固、提高于一体的良好载体。培训教材不是课堂教学的简单复制，它更着力于普及知识、教授方法、夯实基础、复习训练等效能的发挥。同时，培训教材又不脱离教育培训和税收工作的实际，既要有实例的丰富与贴切，还要有理论的归纳与升华。

　　实践证明，一部好的培训教材，定然承担了上述特殊使命，进而收到事半而功倍的效果。正是基于这种考虑，学校下定决心，资助教师出版培训教材。这一方面可以把教师从诸多繁杂的事务性工作中解脱出来，潜心研撰；另一方面也可在全校引领科研之风，形成正向激励。从几年来的实际效果看，这种引导与激励达到了预期目的。

即将出版的这套丛书，既有理论探索，也有案例分析。虽然书中的理论探讨还有很大的提升空间，案例分析可能还存在争议，但这些都是作者大胆探索、积极尝试、不断创新的结果。其来源于税收实践、解决实际问题的目标定位会使学习者寻找和发现工作中的不足，对相关理论知识进行理性思辨，进而不断改进和提升工作质效。

在本套丛书即将付梓之时，写下这些文字，一则向作者们取得的科研成果表示祝贺；二则向全身心投入到税务教育培训科研工作的教师们表示由衷的敬意和感谢；三则对学校科研工作特别是教材建设工作进行回顾、反思，并坚信我们的教育培训工作定会百尺竿头，更进一步！

是为序。

纳税服务是当前税务机关的核心业务，也是税收工作的热门话题。对于纳税服务，人们存在不同理解。从形式上看，纳税服务与全社会倡导的文明执法、热情服务相关联，与建设服务型政府、推进政务公开相匹配，与科学发展、和谐进步相融合。但在实际工作中，若满足于从这些形式的角度去观察纳税服务、理解纳税服务，显然是单薄的。我们必须针对税务机关日常纳税服务工作的实际，本着"务实、创新、规范"的原则，紧紧围绕税务机关各层面、各相关岗位人员在纳税服务过程中"应做什么、如何做"这条主线，对纳税服务工作实践进行更深入的思考。正是基于这种考虑，我们在长期学习、反复酝酿的基础上，编著了这本《纳税服务实务》，试图在纳税服务的理性思考和实践认识上实现一次突破。

全书共分为六章。第一章为纳税服务的基本原理，重点阐述了纳税服务的概念及内涵、纳税服务的原则及主要内容，从基本原理上找准纳税服务的定位；第二章为纳税服务的瓶颈制约，瞄准了纳税服务的基层实践需求、国地税联合办税、解决纳税非对称性的矛盾等关键点和突破口，力求打破瓶颈，将纳税服务引向更宽阔的视野和更宽广的领域：第三章为纳税服务的凝聚内核，剖析了以纳税人权益为核心、以纳税人需求为导向、以纳税信用风险管理为基础等问题，以此增强纳税服务的凝聚力；第四章为纳税服务的优化路径，归结为在税收征管中创新税法宣传、加快纳税服务平台建设、强化信息化支撑，力求选择纳税服务的最优路径；第五章为纳税服务的推动力量，提出了加强纳税服务能力培养、打造纳税服务品牌、推广税收执法服务标准化、纳税服务绩效考评，推进纳税服务工作向可持续发展目标迈进；第六章为纳税服务与税收管理，解读了正确处理税收管理与服务的关系、客户关系管理与管理服务型税务机关、优化纳税服务与强化税源管理、优化纳税服务与提升税务稽查质量、优化大企业纳税服务等问题，旨在将纳税服务的落脚点归集到税收管理这一原点上来。

我们编著本书的目的是填补目前全国税务系统没有一本系统、全面、统一的纳税服务培训用书的空白。满足税务系统日常纳税服务培训工作的需要，是我们一个简单的初衷和美好的愿望。本书在撰写过程中，得到了许多领导、专家和热心人士的鼓励和支持，他们提出了很多有价值的指导意见，江苏省国、地税局纳税服务处，宁夏回族自治区地税局纳税服务处，广西壮族自治区国、地税局纳税服务处，辽宁省国税局纳税服务处，青岛市国税局纳税服务处等单位为本书的成稿提供了宝贵的资料；大连市国税局纳税服务处齐丽丽、辽宁税务高等专科学校付力红等对本书的完善提出了宝贵意见，在此一并表示衷心的感谢！在撰写过程中，我们参考了国内外有关方面的资料，恕不一一注明，特此致谢。

虽然我们搜集了很多资料，在撰写中也下了很多苦功，但离纳税服务工作的实际需要和广大税务工作者以及纳税人的心理需求还有很大差距，还需要做进一步的探索和努力。由于知识水平和研究能力所限，书中的疏漏之处在所难免，敬请读者不吝赐教，批评指正。

诚愿纳税服务理论研究成为我们共同关心的课题，诚愿纳税服务理论早日形成具有文化底蕴的完整体系，满足税收事业全面发展的需要。

著　者

2014 年 10 月

目　录

纳税服务是税收征管的重要组成部分，它存在于日常税收征管的各个环节、各个层面，贯穿于税收征管的全过程。纳税服务的质量和效益直接影响着税收征管的质量和效益，更直接影响着征纳关系的改善、纳税人税法遵从度的提升以及服务型税务机关的建设。因此，理清纳税服务的基本内涵并加以深入探讨，有着深远的意义。

第一节　纳税服务的概念及内涵

一、纳税服务的概念

纳税服务最早产生于 20 世纪 50 年代的美国。其基本含义是：征税主体通过各种途径、采取各种方式为纳税人服务。随着西方政府改革运动中新公共管理理论的形成，主张以市场机制改造政府、提高公共服务品质的新公共管理模式已成为我国行政管理体制改革的样板，如建设"服务型政府、创新型政府"的提出。为了与政府职能转换相适应，我国税务部门的纳税服务理论也在不断发展。2005年 10 月 16 日，国家税务总局出台了《纳税服务工作规范（试行）》，对纳税服务的概念进行了界定：纳税服务是指税务机关依照税收法律、行政法规的规定在税收征收、管理、检查和实施税收法律救济过程中，向纳税人提供的服务事宜和措施。

回顾历史，由于受经济体制的束缚、社会发展的局限和官本位思想的影响，不论是我们税收征管理念、税收征管模式还是税收征管活动，都过分强调税收的强制性，突出了税收执法的刚性，而忽视了对纳税人的正当需求的满足和对纳税人合法权益的保障。1990 年 9 月，全国税收征管工作会议提出，把税收征管过程看成为纳税人服务的过程。这是首次在税收征管工作中提出服务的概念。1997年，国务院批复了国家税务总局《关于深化税收征管改革的方案》，确立了"以纳税申报和优化服务为基础，以计算机网络为依托，集中征收，重点稽查"，首次将服务的理念引入新的征管模式。2001年新修订的《中华人民共和国税收征收管理法》（以下简称《税收征管法》）中，进一步明确了保护纳税人权益、规范税务机关行政行为、为纳税人服务的条款，首次将纳税服务置于法律层面加以规范。后来，国家税务总局批准成立了纳税服务处，这是我国第一个专司纳税服务管理职能的行政管理机构。2008年7月，国家税务总局成立纳税服务司，基层税务机关也相应进行了机构调整。这表明在社会主义市场经济框架下，纳税服务工作已提上税务工作的重要议程。但迄今为止，纳税服务的内涵究竟是什么，还没有完全取得共识。

从一般意义上讲，纳税服务是指政府各部门或社会中介机构根据国家的法律法规，为保障纳税人依法纳税、维护纳税人合法权益而提供的各项服务的总称。纳税服务是实现公共利益最大化的一种公共服务行为，它有利于节约社会资源，有利于促进社会公平，有利于提高税法遵从度，有利于降低纳税成本。

纳税服务的概念有狭义和广义之分，狭义和广义的纳税服务概念还可以从纳税服务的主体和内容两个角度来分析。

首先，从纳税服务的主体来看，狭义的纳税服务是指税务机关为确保纳税人依法纳税，指导和帮助纳税人正确履行纳税义务，维护其合法权益而提供的服务，即提供服务的主体是税务机关。广义的纳税服务是指提供保护纳税人权益的一切机制和措施，它涵盖了优化税制、完善税政、健全征管、降低纳税成本、提高税务行政效率乃至整个政府效率等方面的内容；既包括税务机关提供的服务，也包括社会中介机构提供的服务，还包括纳税服务志愿者提供的服务。

根据纳税服务的主体不同，可以将纳税服务分为由税务机关提供的公共性质的纳税服务、由社会中介机构提供的商业性质的纳税服务、由纳税服务志愿者提供的公益性质的纳税服务。这三种性质的纳税服务体现了纳税服务的丰富内涵。税务机关提供的纳税服务只是广义纳税服务的一个方面，税务机关提供的是公共服务。而纳税服务领域的工作很复杂，税务机关的纳税服务资源相对有限，筹划和使用好内部资源，整合利用好外部资源，对于提升税务机关的服务能力和水平有着至关重要的作用。

其次，从纳税服务的内容来看，狭义的纳税服务是指提供纳税人在办税过程中所需要的服务；广义的纳税服务还包括税收立法、税收司法在内的全过程服务，所以从广义角度来看，纳税服务称为"税收服务"更为确切。

从现代税收的要求来看，将纳税服务拓展到税收服务更有意义，也更科学。我们应该根据税务机关、税务干部的执法水平、税收征管水平的提高程度，以及社会民主意识的培育程度，分阶段、有步骤地推进不同内容、不同品质的纳税服务。新时代的税收管理工作必须以广义角度来定位纳税服务的范围，即纳税服务应该贯彻于税收立法、税收执法和税收司法全过程，使纳税服务工作的开展既成为强化税务机关自身建设的有利手段，也成为税收工作发展的有效契机。

二、纳税服务的内涵

（一）纳税服务的本质内涵

深化纳税服务的理论依据在于社会政治的民主性，反映在税收工作领域，就是税收的民主性。从政治民主制度来看，现代社会是民主社会，政府是因公共需要而存在，政府的职责就是提供公共产品，纳税人也正是因为这个目的而纳税，政府只是接受纳税人的委托而筹集公共资源（税收）。作为政府职能部门的税务机关和与税收管理工作相关的其他政府部门，也只是公共服务部门，除了贯彻执行税法之外就没有什么特权；而纳税人是社会的主人，他们为纳税作出了贡献。纳税人与税务机关享有平等的政治地位和人格，纳税人理应得到尊重。税务机关和其他政府部门理应将纳税服务作为其职责，以维护纳税人的权益为根本宗旨，加强税收各个环节的民主性。具体地说，在立法环节，要使税收立法更加公正、科学，从源头确保纳税人的权益。这就要求政府广开民主之门，提供更多的通道与机会，让纳税人参政议政、监督政府行政，充分发扬民主。国外的一些先进经验值得我们借鉴。例如，2002 年，欧盟为了协调各成员国的公司所得税制，在更大程度上统一税基，由专门机构召开了一次研讨会。这次研讨会特别留出了 40 个名额，按报名的先后顺序，允许政府机构之外的人士参加讨论。同时还专门开辟了一个网站，广泛发动社会公众讨论税制的修订。这样就能够保证税法更好地体现公共意志，保障纳税人的权益。

从税收文明进步的角度看，纳税服务建设也是非常必要的。现代文明税收必须建立起税务机关与纳税人的双向责任机制，这种机制的理想目标是贯彻民主和法治精神，建设科学透明的税制体系、低成本高效率的征管运行机制、亲情化的服务机制、有效的社会监督机制、鲜明的道德约束机制、稳定的文化运行机制，以及与现代政治文明、精神文明协调发展的现代税收文明。以"法治、公平、文明、效率"为四大价值理念的现代税收文明要求向纳税人提供优质的纳税服务。这种机制主张，要在税收制度和税收管理中凸显人文关怀，使征税成为人性化的公共服务，使纳税成为现代社会的文明生活方式。用公共财政的理论来论证，就是要提供各种参与和监督的机制和途径，让纳税人充分了解和监督税收资金的去向。这既可以保障纳税人的权益，又可以提高纳税人的纳税意识，改善治税局面。

（二）纳税服务的主体内涵

传统观念认为，纳税服务的主体就是税务机关。有人甚至认为，只有与纳税人直接打交道的基层税务机关，才是纳税服务的主体。我们认为，这是一种片面的、狭隘的认识。从法学的角度来看，主体一般是指权利、义务的承受者。那么，在纳税服务活动中，权利、义务的承受者究竟是谁呢？从理论上讲，凡是依法可以享受纳税服务的组织和个人，都是纳税服务的权利主体。这不仅是指纳税人，还包括代扣代缴义务人、纳税担保人以及税务代理人。凡是依法应当提供纳税服务的组织和个人，都是纳税服务的义务主体。这个主体既可以是官方的，也可以是民间的；既可以是无偿的，也可以是有偿的。具体而言，官方的纳税服务义务主体，主要包括立法机关、司法机关、税务机关和其他有关政府部门及其工作人员；民间的纳税服务义务主体，主要包括税务师事务所等社会中介机构及其工作人员。明确纳税服务的主体内涵，无论是在理论研究上还是在实际工作中，都具有很重要的现实意义，特别是在完善纳税服务的法律制度中，更应当明确界定纳税服务的主体。主体不明，必然导致职能不清。该享有的权利，就会因为没有主体资格而得不到伸张；该追究的责任，也会因为没有明确对象而得不到落实。

（三）纳税服务的时代内涵

我国政治经济形势的发展对税收征管提出了新的更高的要求：一是随着社会主义市场经济体制的确立，我国政府职能发生了根本性的转变。这就要求税收征管必须严格按照依法治国方略，规范执法行为，为促进市场竞争营造公平的外部环境。二是多种经济成分和利益主体并存，要求税收征管自觉尊重纳税人的权益，进一步提高行政执法和服务的水平与质量。三是税源结构和经营方式具有多样性，要求税收征管必须在加强税源监控的前提下，合理配置现有征管资源，实行集中征收、重点稽查，最大限度地提高税收征管效率。四是税源状况不断变化，面临经济全球化和税收征管属国化冲突、经济跨区域化和税收征管属地化冲突。这就要求税收征管必须符合国际惯例，征管制度和程序更加规范、透明。五是社会经济规模和企业经营范围迅速扩大，电子商务和跨国经营大量出现，传统的手工作业已经不能适应这种新变化。这就要求税收征管必须充分运用现代技术手段，建立统一高效的税收网络和征管机制。

以上背景和要求折射出税收征管深层次的问题：一是传统征管方式与现代征管理念不相适应，一味强调完成税收任务，难以落实依法治税。二是税收征管方式与税源管理的变化不相适应。这表现为征管程序不完善，税收管理员属地划片管户，难以满足税源变化的需要，征管资源配置不合理，征管质量评价考核体系不科学。三是信息获取应用水平与信息管税要求不相适应。这表现为税收征管数据管理机制不健全，外部涉税信息获取缺少法律支撑，信息的整理和深度分析利用不足，缺乏统一、系统的风险预警指标体系、评估模型和支撑平台。四是机构职责设置与专业化要求不相适应，机构职责交叉非常严重。五是制度体系建设与税收征管改革发展要求不相适应。

这些问题的解决，只有立足于社会经济发展的现实需要，结合既往改革已经取得的成果进行统筹考虑，才是切实可行的选择。

2012 年 7 月，国家税务总局副局长宋兰在全国税务系统深化税收征管改革工作会议上提出了进一步深化税收征管改革的总体要求，即构建以明晰征纳双方权利和义务为前提，以风险管理为导向，以专业化管理为基础，以重点税源管理为着力点，以信息化为支撑的现代化税收征管体系。

深化税收征管改革，构建现代化税收征管体系，重点是做好纳税服务工作。以维护纳税人合法权益为重点，切实优化纳税服务，提高纳税人满意度和税法遵从度；切实增强税收法律法规与管理措施的透明度和确定性，扎实做好纳税风险提示工作；着力减轻纳税人办税负担，做好纳税人维权工作；重视做好税收法律救济工作，积极促进涉税中介服务发展。

构建现代化税收征管体系对纳税服务工作提出了新的要求：

1. 以标准化建设规范纳税服务工作内容

纳税服务工作的标准化，是指纳税服务的科学化、规范化、系统化、同质化，在实现途径上要突出做好岗位职责、业务流程、目标考核、制度体系等标准化建设。它必须同时具备以下四个前提：一是纳税服务的种类、项目、节点、主体、流程、时限、要求等因素得到基本明确。二是纳税服务的具体要求具有一定的可操作性和可对照性。三是纳税服务的结果容易评价和考量。四是纳税服务赋予服务主体的自由裁量权限和自由发挥空间限定在一定范围之内。

2. 以专业化服务提升纳税服务工作质量

纳税服务工作的专业化，是指根据不同纳税人实行标准化模式下的服务细分策略，完善业务流程，提供有针对性的纳税服务，进而提升纳税服务的质效。经济合作与发展组织（OECD）认为："传统的税务管理机关忽视了不同纳税人之间的差别，与纳税人打交道的整体考虑不足。当不同的纳税人需要与税务部门进行交涉时，他们之间不能进行很好的协商，从而降低了纳税服务的效率。因此，现代税收管理需要强调以纳税人为中心，要承认不同的纳税人之间存在差别，对企业实行分类纳税服务。"专业化的服务策略包括专业化的服务内容、专业化的服务方法、专业化的服务平台，是多方位的衡量体系，也包括专业化的服务咨询、专业化的服务宣传、专业化的权益保护等。

3. 以信息化手段创新纳税服务工作方式

纳税服务工作的信息化，是指充分运用电子、通讯等现代化科技手段改造税收管理，如推行电子定税、网上报税、电子划款、税银联网、开通12366热线和建立税务网站等，使纳税人和税务机关从繁杂的办税事务中解脱出来，为纳税人提供从税务登记、发票发售、咨询服务、申报缴纳等一系列方便、快捷、经济、高效的服务。利用手机短信、门户网站信息发布与金税工程的数据共享，实现自动催报催缴、纳税咨询等提醒事宜。

4. 以集约化管理提高纳税服务工作效能

纳税服务工作的集约化，是指依靠投入要素效率和效益的提高实现服务供给的增长。投入要素效率和效益的提高一般通过服务流程的再造、投入要素的自身改造、现代高新技术的引进来实现。集约化服务是专业化管理的必然要求，其内涵是各级税务机关要为纳税服务提供保障，整合服务资源。

──────── 第二节　纳税服务的原则 ────────

根据国家税务总局对纳税服务规划的诠释，纳税服务是指税务机关依据税收法律、行政法规的规定，在税收征收、管理、检查和实施税收法律救济过程中，向纳税人提供的服务事项和措施。正确理解和贯彻落实纳税服务，至少应坚持以下三项原则：

一、依法服务原则

《税收征管法》及其实施细则明确规定，税务机关应当为纳税人提供各种形式的纳税服务。纳税服务被界定为税务机关行政行为的组成部分，是促进纳税人依法诚信纳税和税务机关依法诚信征税的基础性工作。作为一种法定的行政行为，对税务机关而言，纳税服务就不是可有可无的，也不能变通执行，而必须依法履行。

二、法律平等原则

首先，纳税人依法纳税，税务机关依法征税，两者相互依存，不存在高低轻重之分。就当前的纳税服务工作来看，已出台的纳税服务举措不能仅从便于管理出发，要切实维护纳税人的权益，真正实现依法管理与优化服务的有机结合。

其次，纳税人依法履行纳税义务，也应当依法享有纳税服务。税务机关在实施纳税服务时，应对所有纳税人一视同仁，不能以纳税人经济规模的大小、缴纳税款的多少等因素搞区别对待，甚至限制或取消纳税人应依法享有的纳税服务。

三、成本效率原则

坚持成本效率原则，就是要寻找征纳过程中经济成本（金钱耗费）和效率成本（时间耗费）的平衡点，在不断降低征纳双方成本的同时，尽可能提高征收效率和纳税效率，力争使征纳双方都少花钱、多办事、快办事、办好事。

──────── 第三节　纳税服务的主要内容 ────────

纳税服务贯穿于税收工作的全过程，其内容极其广泛，涉及税收工作的各个环节和领域。按照"始于纳税人需求，基于纳税人满意，终于纳税人遵从"的服务宗旨，在实践中要重点做好以下五个方面的工作：

一、提供纳税辅导

随着新形势对税收工作的要求，纳税人对个性化、多样化的纳税服务需求日益迫切。作为一种微观的、深入的服务形式，纳税辅导是实现个性化服务的重要手段。在工作中，要充分利用电子、通讯等现代化手段，通过推行和完善提醒服务、提示服务、辅导服务、预约服务、援助服务等诸多服务形式，为纳税人提供从税务登记、发票发售、咨询服务、申报缴纳等一系列深层次、高质量的纳税辅导服务。

二、严格依法治税

优化服务与严格执法并不矛盾。强调纳税服务绝不是淡化税收执法，相反，严格依法治税才是对纳税人最高层次的服务，两者相互包容、相互促进。

（一）公平公正执法

公平公正执法意味着对守法经营的保护和对违法经营的打击，是市场经济公平竞争环境的体现。在工作中，推动公平公正执法的有效途径是以公开促公正，以公开促公平。也就是说，对内公开管理和执法情况，增进税务人员的法律意识和责任心，保证依法行政；对外公开办税流程、核定征收情况、税收处罚情况等内容，强化社会监督。

（二）维护纳税人合法权利

首先，税务机关在执法理念上要实现从"有罪"推论到"无罪"推论的转变，相信纳税人能够依法纳税；工作模式要由监督打击型转变为管理服务型，把工作着力点放到为纳税人提供优质服务上来。其次，要规范税务机关自身的行为，就纳税服务工作而言，当前应特别注意维护纳税人的选择权。纳税人有自主选择纳税服务项目和服务提供者的权利，既可以接受税务机关提供的服务项目，也可以拒绝；既可以接受税务机关的服务，也可以选择中介机构的服务。这个过程不应受外来因素干扰。

（三）落实执法责任追究

责任追究是保证税务人员依法行政、保护纳税人合法权益的有效防线。从近年来税务人员侵害纳税人合法权益的案例来看，执法责任追究失之于软、失之于松是重要原因。为增强执法责任追究效能，应按照精细化的工作执法责任制规程，对执法活动的目标、任务、要求、程序、时限等因素以及过错的性质、严重程度、社会影响等情况进行梳理归纳，设置客观的量化指标，为实行责任追究提供依据。同时，应运用信息化技术对税务人员的执法过程进行适时监控，及时发现可能存在的执法过错问题，进而实施轻重不同的责任追究。

三、优化办税流程

高水平服务的实质在于高效率。从纳税人的反映来看，办税环节多、办税手续繁琐等程序问题是造成办税效率低的重要原因。在工作中，一个有效避免纳税人办税效率损失的工作流程，一般应符合以下三点基本要求：

（一）便利

税收管理与纳税服务的起因与归宿是纳税人，税收管理与纳税服务流程的第一步均应面向纳税人，按照有利于服务和管理的方式来设计。以办税服务厅为例，近年来各地集中建设了具有多种服务功能的综合办税厅，并以此为依托，对征管业务流程进行了再造，减少了大量业务节点，使纳税人与税务机关之间的接触由单点对多点变为单点对单点，基本实现了一窗式受理、一站式服务、一次性办结的目标，方便了广大纳税人。但这也暴露出一些问题，最主要的是集中办税后，纳税人的发票领购等事项往往要长途跋涉到综合办税厅办理。要解决这一问题，可以在纳税人比较集中的基层征收分局设立办税副厅，使其作为综合办税厅的补充，充分利用基层分局现有的人力、物力资源，集中受理发票领购等日常服务事项，在更大程度上方便纳税人办税。

（二）规范

纳税人提交办税事项的受理、办理、反馈各环节的业务流程，应有统一规范，实行流程化操作。首先在制度层面上，应通过建立和完善各种办税服务制度，如服务责任制度、服务公示制度、服务限时制度等，提出流程规范的目标、任务、要求。其次在操作层面上，应建立一套标准化的操作规程，以范本的形式对办税事项的操作程序、政策依据、办理文本、实地调查内容等提出明确规定，实现操作过程的范本化管理，防止税务人员违规操作，同时有利于提高办理效率。

（三）低成本

办税流程应当运转顺畅，减少梗阻和摩擦，使办税的效益最大化、成本最小化。在税收工作中，办税流程上存在梗阻，是增加纳税人不必要办税负担的重要原因。要降低纳税人的办税成本，税务机关应当在法治前提下，大力精简各种管理审批程序和手续，压缩需要纳税人提交的报表资料，减少办税流程中的梗阻。

四、拓宽服务渠道

纳税服务必须适应时代的发展和形势的需要，这就要求税务机关积极探索、丰富和完善服务方式，提升服务效能。从当前纳税服务的形势和纳税人的实际需求来看，应重点关注以下三个方面：

（一）发展信息化服务

信息化服务有互通时效快和资源共享多等特点，为税务机关提升纳税服务水平提供了充分条件。但信息化服务的落脚点应是让机器为人服务，而不是人为机器服务。因此，发展信息化服务必须坚持以人为本，在工作流程设计、软件开发应用、硬件配套设施等方面体现人性化要求，尤其要防止将传统的手工操作流程生硬地搬入信息化服务当中；否则，不仅不能使税务机关从繁重的重复劳动中解脱出来，而且势必增加纳税人不必要的办税负担。从信息化服务的网上抄报税业务，直至推行电子发票和网上审批，都应使纳税人真正享受到足不出户就可办税的便利。

（二）拓展征纳沟通渠道

纳税服务是提出需求和满足需求的过程，其关键在于征纳双方的有效互动，及时交换信息。目前，在纳税服务中，还存在征纳双方沟通渠道狭窄、不通畅等矛盾，这使得纳税人的一些实际需求不能真实、及时、准确地反馈到税务机关。为了有效地进行征纳沟通，应将走访调查、税企座谈以及利用网站征询纳税人意见等多种形式经常化、制度化，构建税企信息传递的快捷通道。通过广泛征求和收集纳税人在办税效率、优质服务、政策落实、涉税收费、税务行政处罚等方面的意见和建议，倾听纳税人的呼声，实现征纳双方的良性互动。此外，在税企沟通过程中，还可以引入第三方参与，如在论证服务措施、服务项目时，可以委托第三方参与调查；对改变申报方式、出台重大税收政策等涉及较多纳税人的重大事项，可以引入听证程序，目的是更深入地昕取全社会的意见和建议，防止损害纳税人的合法权益。

（三）发挥税务中介作用

税务代理是税收专业化服务的必要补充，是社会化服务体系的有机组成部分。只有将税务机关的专门服务与税务代理的社会性服务有机结合、相互促进，纳税服务工作才能步入健康发展的轨道。当前，一是要从法律角度明确税务机关无偿服务和中介机构有偿服务的界限及业务范围，规范税务代理行为。二是从政策上鼓励中介机构发展，支持纳税人自愿寻求税务代理服务。三是加强对税务中介机构的监督和指导，使其依法提供服务业务，发挥其在维护纳税人合法权益方面的积极作用。

五、健全考评机制

纳税服务质量的高低与服务效能的考评是否到位有直接联系。对服务效能进行科学考评，既有利于提高税务人员的服务责任意识，也是不断总结工作经验、适时改进服务措施的重要保障。当前，纳税服务工作还未形成完整的考核评价机制，有的只是针对某一具体服务内容制定的考核办法或制度，整个纳税服务的考核还停留在主观性评价阶段。对纳税服务的考评应从三个方面入手：一是税务机关量化考核，围绕服务内容制定考核指标，以量化形式评价税务机关和税务人员的服务效能。二是纳税人评议，对纳税服务质量采取公众投票、打分、问卷调查等方式定期考察，并将纳税服务考评结果与税务人员的工作业绩挂钩。三是引入第三方评价机制，如由社会专业人士按照纳税服务的内容，建立评价模型，进行专业测评。

第一节　完善纳税服务的基层实践需求

纳税服务是近年来世界各国现代税收征管发展的新战略、大趋势。作为税收征管的基础环节，纳税服务是衡量一个国家税收征管水平的重要指标之一，对于提高纳税遵从度、减少税收成本和加强征纳双方沟通等意义重大，直接影响现代税收征管新格局的构建。近年来，虽然各级税务机关对纳税服务进行了许多有益的探索和实践，并取得了一定成效，但总的来说，我国纳税服务还处于较低的水平和层次，难以满足当前税收形势发展的需要。

一、当前基层纳税服务实践中存在的问题

（一）理念定位过高

自提出纳税服务概念之日起，纳税服务便被定位于道德层面，属于精神文明建设范畴，但在当前，此种定位要求显然过高了。

我国是一个缺少法治传统的国家，反映在税收上，就是税收征纳关系表现出过分强调纳税人义务的倾向，纳税人权利保护问题长期受到忽视，纳税人自己的权利意识也很淡薄。就税务机关而言，虽然《税收征管法》明确规定纳税服务是税务机关的法定义务，但是长期偏重于管理执法而形成的角色定位，使纳税服务理念没有纳入到一种法制化的轨道。税务机关将组织财政收入作为工作的出发点和归宿点，将税收管理工作单纯当作对纳税人进行监督、控制的职能活动，服务举措更多地倾向便于管理的角度制定。部分税务干部还没有真正处理好执法与服务的关系，对纳税服务在提高税法遵从度、加强税收征管、构建和谐征纳关系上的重要作用认识不足。而本身处于相对弱势地位的纳税人，一方面，由于受文化水平限制和对纳税人权利缺乏了解，他们对纳税服务期望不高，缺乏要求税务机关提供完善的纳税

服务的自觉意识，导致纳税服务外部监督乏力，纳税服务的互动链条缺失。即使部分纳税人有此意识和要求，也因税务机关内部缺乏对纳税服务标准、质量进行考核的配套措施而无法落实，如绿色通道、首问责任制等服务项目流于形式，长此以往必然挫伤纳税人的积极性；另一方面，由于部分纳税人的纳税主体意识缺位，受其自身管理能力和认识水平的局限，不能正确掌握和准确执行税收政策、办税要求，在征纳关系中处于被动状态和过分依附地位，客观上制约了纳税服务的开展，也不利于征纳双方良性互动效应的形成。现在全国税收管理员人均管户100多户，且中小企业、个私经济占了大半壁江山，有些企业的财务人员缺乏起码的业务素质，有些业户甚至连会计人员都没有，纳税辅导往往是"对牛弹琴"，对他们的管理与服务会耗费税务部门相当多的行政资源，而效果却并不令人满意。

（二）管理措施过紧

长期以来，税务机关对纳税人实行"有罪推定"，假设所有的纳税人都是潜在的偷税者，过多地采取"堵"的办法，在"管好、管住、管紧"的思维导向下，带来的必然结果是重管理、轻服务，办税环节多、控制多、审批多，更多强调纳税人应该如何，对税务机关、税务人员应该为纳税人做些什么关注不够。各级税务机关在国家税务总局下达文件后，为了强化管理、规避风险，层层细化、层层加码，导致实际执行的各项政策比总局的要求还严苛，环节还细密。各类要求纳税人普遍遵从的细节性、高标准的规定繁琐不堪、层出不穷，甚至有的管理规定缺乏法律依据，一些管理规定、流转环节、办税程序"内行记不住，外行看不懂"。当前征管软件中的一些流程设计过于死板、复杂，部分业务流程和工作制度缺乏可操作性，和纳税人直接打交道的基层征收机关拥有的运维权限恰恰最小，使"内部制约"初衷几乎变成"内部消耗"的现实。由于各种规定过细，宣传难以到位，不少基层税收管理员对自己工作的环节尚能熟知，而对其他某些具体的环节操作却不太了解，纳税人更是不甚明了。这种税务管理者本身的信息断层，使很多基层税务人员只能应付一般性涉税事项的办理，一旦出现信息传递不及时等情况，纳税人小则因资料不全、手续复杂往返奔波，大则因未能及时抵扣税款、享受税收优惠等而多次烦劳。还有的税务机关和税务人员为了规避执法风险，避免承担责任，在管理上过于谨慎，对纳税人过于苛刻，对涉税事项层层审批，造成纳税人办理一个涉税事项要经过几个部门、多道手续，意见很大。

（三）工作流程过繁

在"收入导向"的思维模式下，税务机关过多地关注纳税人的纳税情况，忽略了对建立必要的、合理的执法程序进行及时有效的探索。虽然近年来税务机关一直没有停止对如何优化、简化办税流程的探索，但由于改革往往以严密控制税源为出发点，并过多强调内部监督制约与程序规范化，较少顾及纳税人的成本付出。因此改革大都未能从根本上简化工作手续、减少办事程序，甚至有的地方还增加了一些环节，造成基层和纳税人不必要的负担的增加，以至于有些基层干部抱怨"科学化就是复杂化，精细化就是繁琐化"。由于办税流程复杂、办税环节繁多，纳税人在办理税务事项时需衔接多个部门、多个环节，造成税务事项的受理、审批、答复往往超过了承诺的时限，有些税务事项甚至需要纳税人多次往返奔波。某区国税局在一次对纳税人的问卷调查中反映，绝大部分调查对象认为国税局办事效率不高的主要原因是"办税程序过于繁杂"，这占参与该项调查的 260 人中的 75.77%。以税务登记为例，纳税人希望到税务机关一次就能办完所有事项，迅速转入正常经营。而事实上，纳税人拿到税务登记证仅是一个开始，还必须进行税种登记、税务登记补录，这样在 CTAIS 中才能显示开业状态。此外还要申请行政许可购买发票，这些都需要花大量时间进行内部流转。从领证到拿到第一本发票开始正常经营，纳税人要在政务中心与相应区税务局之间往返多次，至少需要 20 多天时间。当前我们推行"一窗式"管理、"一站式"服务，这在很大程度上减少了纳税人的往返奔波之苦，但各项受理文书的内部流转环节并未减少，相反基层工作人员的工作任务和工作责任更重。一个文书涉及的部门常常多达三个以上，未能真正做到一个窗口全程办理，且文书受理、流转、调查、审批、发放等耗费大量的时间，导致基层机关负担加重，纳税人办事效率低下。

（四）政策变化过快

我国的税收法制建设起步较晚，税收法律法规不够完善，特别是税收政策经常处于变化之中，稳定性和规范性较差。"刚刚学会了，又说不对了；刚说不变了，文件又到了。"这种频繁的政策变化对于基层税务机关和纳税人来说，具有文件接收的滞后性、政策衔接的不明确性等特点，直接导致了对税收法律法规和政策理解、执行不一，甚至出现基层根据变化要求制定的工作规程刚过磨合期，却又要面临着新一轮政策和管理规定调整的尴尬局面，长期处于一种被动适应甚至无所适从的状态，政策宣传辅导跟不上税收政策不断变化的形势，以致基层税务机关因政策标准把握不准，为避免承担责任而将压力最终转嫁给纳税人。如近年的退税、福利企业管理等政策变化较快，给基层和纳税人留下的消化空间较小，不利于政策的贯彻落实。此外，税务系统在推进征管改革的过程中，往往是先从基层征管机构和职能的变更或重组改起，由于宣传渠道不畅，宣传效果欠佳，造成税务机关与纳税人信息不对称，必然影响纳税人办理涉税事项。一项很简单的事情只要一个环节卡壳，就难以往下进行，部门之间相互推诿，纳税人东奔西跑也解决不了问题，这使他们感到办税复杂、办事难、效率低。

（五）应用系统过多

据初步统计，目前基层税务局使用的软件有 40 多个，这些系统层级多、品种多、内容多，但实用性、兼容性差，共享度低，大多与综合征管软件不相衔接，且有很多程序在内容上重复、操作上重叠，增加了基层税务机关和纳税人的负担。如申报期间，受理申报岗往往频繁地在各个系统间进行转换操作，必须同时打开多个系统才能满足纳税人不同的需求，影响了业务受理的速度，增加了纳税人等候的时间。这些种类繁多的系统，一方面，使报表资料增多，相关数据信息多次采集、重复报送，大大增加工作量；另一方面，也使税收管理员的时间大部分停留在按照系统的运行要求填报、上传、审批等环节上，没有更多的精力去开展深层次的纳税服务和税源管理。再者，在税务系统信息化建设迅猛发展的情况下，政府各部门之间信息化发展却不平衡，使得部门之间协调配合难度很大，如税务与工商之间的户籍比对、国地税之间信息共享与传递、税务与银行之间的税款划缴等，总体效果还不尽如人意，尤其是申报期间，纳税人因网上申报划缴不成功又返回大厅窗口手工申报的情况时有发生。此外，诸如网上申报、防伪税控等系统的第三方社会服务机构在培训、服务和技术支持上不到位，网上申报、税银联网方面国地税部门各搞一套，加之一些科技服务公司垄断经营，服务意识较差，甚至利用服务之机收取高额费用、推销高价设备，不仅增加了纳税人的办税成本，也给纳税人办税造成诸多不便。即便税务人员耐心解释，纳税人仍然迁怒税务机关，加剧了征纳双方的矛盾。

（六）服务层次过浅

高水平服务的实质在于公平、合理、法治、高效。由于当前纳税服务体系的构建偏重于对纳税人的管理，对征管程序简化有所忽略，不可避免地导致各级税务机关将规范文明用语、微笑服务、建设环境设施齐全的纳税服务场所等，作为提高纳税服务水平的主要手段。这种表象化的浅层服务，从根本上背离了纳税人的期望和税务机关的服务目标，也就难以令广大纳税人认同和满意。同时，税务机构内部设置调整后，很多直接面对纳税人的事项前移至办税服务厅，由于背后缺乏一整套简洁高效的机构作支撑，使纳税服务大厅成为矛盾的焦点、冲突的中心。从基层职责分工上讲，纳税服务归口征管部门，纳税服务大厅作为纳税服务项目的前沿阵地，又属计划征收科领导，由于没有建立一个独立的、专门的纳税服务机构来及时了解、掌握、研究解决纳税人的服务需求，在实际工作中，经常有很多急需处理的问题无处请示、无人协调，形成都管即都不管的尴尬局面，削弱了纳税服务的组织领导和执行力度，也很难提高纳税服务的层次。纳税人的一些感受和需求，不能及时准确地转化为税务机关的决策信息，税务机关对纳税人多样化和个性化选择应变能力不足。除机构设置外，与纳税服务相应岗位职责、工作流程、工作标准、责任追究、质量管理、监督控制等纳税服务的重要内容没有形成有机的整体，税务系统还没有建立起统一的、规范的、系统的纳税服务岗责体系。究其原因是纳税服务作为行政行为的重要组成部分没有得到落实，现代的科学管理思想和理论没有应用到税收征管工作中，谈起纳税服务是行政责任，做起纳税服务是职业道德。

（七）监督考评过弱

近年来，各级税务机关对征管质量的考核越来越严，要求也越来越高，但还没有将纳税服务质量考核摆到相应的位置上。不但没有专门的服务考核机构，而且对于应该开展什么服务，服务是否到位，也没有建立切实可行、易于操作的内部考核制度。当前对纳税服务质量好与坏的评价考量方法，主要是地方政府组织的行风评议和系统组织的创建最佳办税服务厅等。其评价的特点具有主观性和事后性，评价的方法、标准和指标随意性较大，缺乏科学性、规范性、严谨性，没有建立起纳税服务质量评价指标体系，没有健全的纳税服务质量评价制度等。即使是行风评议和第三方评估，也是以社会各界参与的多，真正的服务对象纳税人参与的机会很少，基层局在开展纳税人问卷调查、税企联席会等活动时，也只是注重服务态度评价和业务问题解答，虽然提供了对税务机关的服务质量进行监督与评价的渠道，也纳入了综合绩效的考核范围，但没有像抓征管质量考核那样重视和经常化，没有上升到应有的高度，这与未形成系统的纳税服务评议、评价机制有关，也与纳税服务不好设定指标、不好量化有关。

二、完善和深化纳税服务的基层建议

纳税服务工作在税收征管中的地位越来越重要，作为现代税收征管格局的基础环节，作为依法治税的重要组成部分，迫切需要进一步加强。结合基层实践，提出如下建议：

（一）更新纳税服务理念

要改变以往注重对纳税人防范、检查和惩罚的观念，破除执法"强势论"、"对立论"、"份外论"，牢固树立服务纳税人是税务机关法定职责的理念、征纳双方法律地位平等的理念、公正执法是最佳服务的理念、纳税人正当需求应予满足的理念，把纳税服务作为进一步强化税收管理、推进依法治税的重要内容，贯穿于国税工作的全过程、落实到税收管理的各环节。更新服务理念关键是要处理好两个关系：一是处理好服务与管理的关系。服务与管理是依法治税的两个方面，二者相辅相成，税务机关为纳税人所提供的各种服务，都是为了更有效地实施税收管理，最大限度地防范税款流失，获取更多的税收收入。征税主体能够通过提供优质高效的纳税服务，规范自己的征税行为，提高办税效率和办税水平，带动纳税方观念的转变，建立征纳间相互信任的良性互动，实现寓管理于服务之中。二是正确处理好服务与执法的关系。在税收工作中，执法与服务的主体都是税务机关，客体都是纳税人，服务行为必然寓于执法过程当中，因此二者显然密不可分。纳税服务应遵从法定的原则，即一方面要为纳税人合法的涉税需求提供优质、高效和人性化的服务，另一方面只能为纳税人提供合法的服务，不能帮纳税人钻税收法律、法规和政策空子，不能因为提倡纳税服务就放弃原则，公平执法、公正执法、严格执法是对优质服务的最好诠释。

（二）完善纳税服务规范

国家税务总局 2005 年印发《纳税服务工作规范（试行）》，2009 年印发《全国税务系统 2010—2012 年纳税服务工作规划》，2011 年印发《"十二五"时期纳税服务工作发展规划》，内容逐步递进深入，但是规定仍显简略，各地照此制定的纳税服务方面的文件级次更低、差异更大。因此，要使纳税服务落到实处，必须建立一套切实可行的纳税服务规章制度、工作流程、考核管理办法和内部监督管理规范，统一规范纳税服务的部门责任、岗位职责、工作流程、工作标准、业务关系、责任追究、考核监督等内容；建立一套切实可行的纳税服务岗责体系，以征管业务流程为主线，以税收执法责任制和 CTAIS 岗责体系为基础，合理设置征收、管理、稽查各岗位的服务职责，并界定纳税服务的具体工作内容、每一项工作的细化标准和操作规范，明确各岗位、各环节的服务职责，明确各种服务的内容和操作标准，使纳税服务有章可循、有的放矢、落到实处，体现出诚信服务、协调高效的现代公共管理者形象；规范服务内容，除了为纳税人提供多元化的申报纳税方式、多渠道的税收法律宣传外，要正确处理内部制约与对外执法的关系，不能因内部制约而影响对外执法的效率，对不适应管理需要、不符合管理实际的"规范"，应予突破。当前尤其要在简化办税程序、减少审批手续和简并管理环节上下工夫；在为纳税人提供税收法律援助和救济方面扩大服务范围，加大服务力度。同时，要进一步完善办税服务厅功能，统一受理咨询、申报、申请、审核、审批等各类涉税事项，实行"大厅统一受理，内部运转处理，前台统一出件"。

（三）改进纳税服务手段

首先，要大力推进纳税服务信息化。纳税服务信息化可以为税务机关提升纳税服务水平提供条件，从而使纳税人在现代税收管理中享受到方便、快捷、经济、高效的税收服务。通过建立信息服务系统，十分便捷地为广大纳税人进行税法宣传和税务咨询，提供电话自动查询系统，利用因特网进行有针对性的税法辅导，帮助纳税人及时、完整、准确地掌握税法信息，了解如何履行纳税义务。建立程序服务系统，为纳税人提供多种简便、快捷的纳税申报方式和便利的纳税场所，如电子申报、银行网点申报、自助报税机等。建立纳税人权益保护系统。利用现代信息技术，将税务机关的执法依据、执法程序、执法文件、执法责任、处罚结果向纳税人和社会公开，接受社会监督，保护纳税人的权益，使纳税人切实感受到自己的权利和地位，从而增强纳税意识，自觉依法纳税。

其次，要积极探索纳税服务个性化。如果纳税服务仅限于按照统一服务规范提供的普遍服务，不考虑不同纳税人的特殊情况，既不利于税务机关合理配置征管资源和进行税源监控分析，也不能满足不同纳税人的特殊需要。因此，必须整合纳税人的个性化信息，针对其不同的纳税服务需求，在管理中动态地予以体现。如对纳税人实行户籍管理、分类管理、评定纳税信誉等级、预约服务、办税绿色通道等，及时解决纳税人的正当要求。不同的纳税人在纳税遵从程度和服务需求上是不同的，税务机关应该对纳税人进行细分，使纳税服务在普遍化的基础上兼顾个性化，为纳税人提供个性化服务，尽可能使每个纳税人都能够得到他们需要的服务，同时缩小需要重点管理的纳税人规模，以利用有限的资源实现更加有效的管理。

最后，要逐步实行纳税服务社会化。在现代市场经济体制中，专业的社会中介和其他组织得到了迅速发展，很多国家非常重视社会组织为纳税人提供纳税服务，从而构成了政府、社会组织等主体共同构成纳税服务体系。要充分发挥税务师事务所、会计师事务所、律师事务所等社会中介组织在税务代理、税收筹划、会计核算等方面的行业优势，为纳税人提供具有专业水准的个性化服务，以提高纳税服务的整体实力。坚持税务代理自愿的原则，严禁向纳税人强制代理、指定代理，依法引导税务代理业健康发展。

（四）加强纳税服务考评

要依据岗责体系，充分发挥考核的导向作用和促进作用。一方面，要强化考核监督，建立和完善纳税服务责任制、考核制和奖惩制，增强考核指标的科学性、针对性、实效性。上级机关对下级机关、同级机关内部对各相关职能部门的纳税服务制度建设、工作措施、实际效果等进行考核，各级机关对所属税务人员执行纳税服务规范的情况进行考核。另一方面，要开展社会评议，充分发挥纳税人和社会各界对税务机关纳税服务工作的监督作用，促进纳税服务水平的不断提高。纳税服务要得到纳税人认可，离不开纳税人参与。纳税人通过参与、监督和评价纳税服务，既可以增进纳税人对纳税服务的理解与支持，也能为纳税服务的创新、发展和完善贡献智慧和力量。为此，应建立面向纳税人的多元多层社会评价机制。纳税人评价是受众角度，评价纳税服务他们最有发言权，着重在服务针对性、实用性、时效性和方便程度等方面评价；第三方评价是观察者和评论者角度，他们的评价相对中性，着重在纳税服务外部效应、外延效应以及税务机关社会公信力方面开展评价。要将考评结果与岗位计酬、评先表优和责任追究相挂钩。对因有执法过错行为或滥用职权侵犯和损害纳税人合法权益的，按照有关规定，严格责任追究，对当事人严肃处理。

第二节　解决纳税服务非对称性的矛盾

随着政府职能由"管理型"向"服务型"转变，纳税服务在税收征管中的地位与作用也越来越明显。深化纳税服务，在服务中管理、在管理中体现服务，已经成为税务机关的新目标和核心要求。从征纳双方信息不对称的角度出发，借用信息经济学的部分观点和理论基础，对目前基层税务机关在纳税服务中面临的问题，进行分析与研究。

一、信息不对称理论在征纳行为中的体现

信息不对称理论属于信息经济学范畴，其理论来源是以博弈论的部分观点为基础，从而延伸到经济学领域，试图通过对信息不对称、不完全的研究，来解答当前经济发展中面临的一些问题。概括来说，信息不对称是指在参与经济博弈的各方

中，某些方拥有信息，而其他方并不拥有。

在税收领域，信息对称是指在税收征纳关系中，税收制度是公开的、透明的，纳税人对税收政策完全掌握，同时税务机关也完全掌握纳税人的经济状况。双方博弈的结果是，征税方并没有实现税收最大化，纳税方也没有实现自身利益最大化，但是二者间达到了一种利益均衡，实现了税收优化，即税收不仅能够满足公共财政的需要，也体现了税负公平原则。此时纳税人的选择是依法纳税，按时足额缴纳税收；税务机关也能够做到依法征税，应收尽收，征纳双方税收边际效用相等。但是，在现实经济生活中，信息的不完全与不对称却是一种常态。在税收活动中，纳税人与税务机关之间的信息不对称主要体现在两方面：

一方面，关于纳税人涉税信息的不对称。目前税收征管模式是以"纳税申报和优化纳税服务为基础，以计算机网络为依托，集中征收，重点稽查，强化管理"的征管模式。在这种情况下，纳税人申报的涉税信息是基础，也是涉税信息的主要来源渠道。但由于配套经济制度的不完善和某些不能公开的私人信息的存在，税务机关不可能完全做到掌握纳税人所有真实的涉税信息。

另一方面，关于税收政策信息的不对称。依法治税是以征税机关和纳税人都需要充分了解和掌握税法信息为前提，否则就容易出现违反税法的征税和纳税行为。但实际上，税务机关和纳税人在对税法的了解和掌握程度上存在着差异。税务机关作为税法的参与制定者和解释者，一开始便存在着信息优势。同时，由于信息披露与传递的滞后性，纳税人自身了解税法的程度不一等因素，使得纳税人在税法信息的掌握上容易处于劣势。

二、信息不对称理论对纳税服务的启示

从信息不对称理论在征纳行为中的体现可以分析得出，它至少对纳税服务工作带来以下影响和启示：

其一，在征税者与纳税人都期望各自的效用最大化的条件下，由于信息不对称，均衡的格局只能是相互让步。就税务机关来讲，必须在纳税服务中考虑到纳税人的想法和需求，避免纳税人在信息不对称的条件下做出逆向选择，导致税收不遵从。

其二，信息不对称理论从侧面阐述了在服务中实施管理、在管理中体现服务的辩证关系。一方面，税务机关需要通过依法治税、加强征管来改变对纳税人涉税信息掌握不完全的劣势，逐步向税收效用最大化靠拢；另一方面，也需要通过深化纳税服务，体现税收公平原则，避免纳税人因政策因素导致的税收不遵从。

其三，信息不对称理论诠释了税务机关深化税收征管改革，提高税收征管效率，建立健全税收信息标准化管理系统以及完善纳税申报制度的重要性，同时也说明了深化纳税服务，提高服务质量，增强税法的透明度，使纳税人更多地了解税收

政策的迫切性。

三、纳税服务供需严重不对称的状况表现

近段时期以来，税务机关对纳税服务进行了诸多改进，在服务内容、标准与责任方面进行了深度改革。但是纳税服务的供需矛盾仍然不同程度的存在，影响着税法执行力与遵从度的提升。

（一）服务内容的孤立化

这主要表现在服务内容并没有直接贯穿到税收工作的各个环节、各个岗位，使之成为税务管理的有机整体与内容之一，而是对服务岗位、服务窗口直接进行标准设置，使主题与主体分离，岗责分离，有其岗而无服务之义，无其岗而有服务之责，出现服务与管理"两张皮"。同时，服务的具体内容主要针对窗口人员进行要求或限制，对窗口的后台要素或承接前台的后续岗位缺乏必要的约束与监控，出现前台与后台、岗与岗之间服务内容与措施的脱节，也使服务目标无法得到更有效、更流畅地实施，更无法满足纳税人现实的需求。

（二）机制制度的表面化

制度是执行力的保障。服务能力的高低关键依靠制度是否健全、严密，而这种制度能否得到强有力的贯彻执行，关键是在责任的落实、过程的监督、目标的考核上。而事实上，目前的纳税服务大部分只有目标、有要求、有措施，往往没有严密的监督、严格的考核和责任的追究，这种机制的缺憾或者说是不完整将直接导致服务的目标表面化，使纳税人期盼的服务成了空洞无力的说教。

（三）责任追究的形式化

这是指对业务工作往往是实行"一岗双责"目标管理，强调责任考核、追究，但是对纳税服务更多的是缺乏深度的管理或者说淡化管理。很多管理者认为：服务就是一种标榜的形式或者形象的宣传，缺乏实际的作用与意义。因而在责任考核与监督上往往是有其名而无其实，大事化小，小事化了，不了了之。这种"淡化"的处理其后果便是服务责任缺失，服务监督不到位，服务目标也就成了"空中楼阁"的自我宣扬。

（四）服务措施的浮泛化

从目前的情况看，税务机关对纳税服务采取了很多措施，也取得了一定的成效。但是措施与提法五花八门，如"一站式"、"五个一"的办税模式、"一条龙"的服务模式等，没有形成一以贯之、持续深化的服务措施。这种变化多端、层出不穷、朝令夕改的服务措施只会使纳税人无所适从，缺乏实际的遵从意义。而这种昙花一现的服务项目，只会让更多的人感觉到纳税服务是一种粉饰太平的政绩工程，从心理上拒人千里之外，纳税人往往选择敬而远之。由于纳税服务缺乏群众根基，这种服务的生命力就可想而知了。

四、对现状的思考与分析

这些问题与现象的存在，究其原因，不外乎四个方面：

（一）强势角色的管理意识没有消除

很多管理者包括各阶层领导认为执法者就应该以管服人，以强硬的法制驱使纳税人进行遵从或遵守，甚至纳税服务是对执法效果、执法进程的一种阻碍或破坏。这种根深蒂固的思想不断蚕食纳税服务生存空间，使纳税服务长时间处于一种可有可无的状态，甚至成为被弃之不用、束之高阁的文件或理论，得不到充分的发展。

（二）对纳税服务潜功能的"短视"与歧视

纳税服务体现的是一种人文关怀，是一种氛围与文化的熏陶与感染，其作用与功能只能通过长时间的实践和与纳税人持续的沟通与亲近才能得到不断显现与发挥。这种持久的实践和反应必然会使一些"急功近利"的管理者更多地看重执法的作用，也从内心深处把执法作为改善税收环境、促进税收事业发展的唯一杠杆。思想的偏颇必然导致行为上的失衡，从而加重了纳税服务的发展困难，满足纳税人需求便成为一种"纸上谈兵"的调侃与无奈。

（三）纳税服务改革的进程受到"成本"与"风险"两大因素制约

由于受到改革成本与风险的制约，纳税服务的发展更多地表现在服务形式上，如服务设施、服务环境等，内容的改革并没有大的变化，包装式的改革并没有达到理想的目的，就如同新瓶装旧酒，换汤不换药。这主要基于两种因素：一是受税务机关已经改革完成的业务操作流程限制，面对已经成熟的管理局面，如果为了纳税服务单方面的利益贸然进行全面调整，势必造成已经布局好的资源的浪费与成本的提高。二是由于纳税服务的不断改进，在一定程度上必将削弱执法的权威性，增强执法管理的透明度与民主参与度，对税务机关单方面来说是部门执法风险增加了，单位利益在减少。基于这两点考虑，在税务机关看来，纳税服务只能是放慢发展或可控制地发展，满足纳税人需求只能是目前的奢求。

（四）纳税服务长期处于弱势的"马太效应"

相比较而言，税收执法直接带来了丰厚的回报和规范有序的环境，而纳税服务则长期处于"潜伏期"，没有更直接、更明显的实绩性作用。这种长期形成的认识往往导致人们对纳税服务功能的忽视与否定，对纳税服务投入的短视与忽略，对纳税服务建设的抵制与怀疑，纳税服务发展也就在这种"潜规则"面前失去表达的平台，失去良性互动的基础与前提，失去纳税需求的条件与土壤，也必然导致纳税服务处于适应不了或者说改变不了服务供需矛盾尴尬的境地。

五、化解纳税服务供需矛盾的对策

（一）加强纳税服务管理的力度

确立纳税服务新标准、新内容，以期扭转长期以来人们对纳税服务的看法与印象，真正使纳税服务走进人们的管理视野。加强机关内部的信息整合与资源优化，精简流程，减少手续，保障服务的时效与质量。要在充分听取纳税建议与意见的基础上，从基层工作实际出发，进一步完善纳税服务的机制与措施，以科学完备、缜密细致的平台推进纳税服务全新发展。

（二）加强纳税服务质量与责任的考核、激励

积极推进对办税服务厅、办税服务人员、窗口人员以及基层一线人员的服务质量与目标考核，奖勤罚懒，奖优罚劣，将服务项目指标与税收管理指标一起进行部署落实，强化人们对纳税服务的认识。要强化纳税人对纳税服务质量的认可权与监督权，实行"互动式"考核管理，服务质量由纳税人"点题"考核，服务效果由纳税人"体验"评定，服务水平由纳税人"认可"打分，改变"挂图式"或"装潢式"服务，真正让纳税服务贴近纳税人，走入纳税人办税过程之中。

（三）加强对功能与职能的宣传、培训与教育

要加强服务内容培训，让办税人员熟悉服务流程与业务，以更人性化的服务、最优的质效满足纳税人的需要。要加强引导服务，根据每个纳税人的不同需求进行合理导向，"点单配菜"，因人施导，使纳税人在最短的时间内，以最满意的质量完成需要办理的业务。要加强形象培训与管理，以统一、规范、得体、礼貌的礼仪接待每一个纳税人，赢得纳税人的尊重与认可，营造一个微笑、和谐、温馨、快捷的办税氛围。

（四）积极引进纳税人对纳税服务的评价、建议

纳税服务是针对纳税人需要所作出的一种行政服务。服务符不符合纳税人需求、适不适应纳税人的要求必须由纳税人说了算。因此，在纳税服务建设中，必须充分听取纳税人的建议与意见，倾听纳税人的反映与呼声，充分尊重纳税人的评价与意愿，让纳税人成为服务质量、标准与内容的"主裁判"，使纳税服务在纳税人的肯定与否定中不断得到改进与提高，在与纳税人的互动与磨合中得到和谐与健康发展。

（五）加强税收信息标准化建设，着力提高征纳双方获取信息的能力

在基层税收征管人员增量有限的情况下，必须加大税收信息标准化的建设力度。一方面，通过建立健全税收信息标准化管理系统，着力提高税务机关的信息获取能力。对于税务机关掌握信息不足、不准的问题，可以通过完善信息中心职能，加大税收征管软件开发力度，拓宽信息获取渠道，建立起与相关经济部门的税务信息情报网络来提高信息的收集、分析、处理能力，确保信息的准确性和真实性。另

一方面，通过提高信息技术，拓展纳税服务领域，及时更新税务网站内容，充分发挥纳税服务热线作用，大力推行网上申报、税银联网以及电子化划卡缴税方式等，使税务部门信息化建设能够涵盖纳税服务领域，使纳税人能够分享到税务机关信息标准化建设所带来的利益与成果。

（六）大力推行多元化的申报缴税方式，做好纳税服务与税收征管的有效衔接

进一步为纳税人提供便利、快捷、高效的申报缴税方式，积极探索多元化的办税渠道，以解决办税服务大厅在申报高峰期拥挤、排队等问题为重点，逐步扩大非直接上门申报方式的比重。继续推行网上报税和财税库行横向联网扩面工作，允许同一纳税人采取多种形式办理纳税申报，将申报方式的选择权交给纳税人。同时做好配套征管机制的衔接，完善和拓展网上报税的信息收集功能，积极探索税收征管资料的电子化、无纸化管理。另外，税务机关还需要坚持以纳税人的需求为导向的原则，正确处理好执法与服务的关系，按照共性和个性相结合的要求，使纳税服务在普遍化的基础上兼顾个性化。以提高纳税人的满意度为出发点，不断提升纳税服务质量与效率。

（七）加大税收政策宣传力度，拓宽税收政策宣传渠道

税收宣传是一项长期性的工作，也是维护纳税人知情权的重要渠道。基层税务机关应积极探索多渠道的宣传方式，在以税务机关为宣传主体的情况下，也可以尝试发挥中介机构的作用，采取委托承办或者是联合承办的方式，定期组织纳税人或企业财务人员开展税法培训。进一步加强税务专业网站建设，注重对政策信息的维护与更新，对纳税人反映的具有代表性的税收政策问题，要及时回复并在税务网站上予以公布。另外，基层税务机关还需要加强政务公开的力度，公开办事制度，公开办税流程，实行阳光办税。通过不断拓展税收政策宣传渠道，让纳税人能够及时、便捷地查询和掌握自己所需要的税收政策，从而尽可能减少纳税人在税收政策上的信息非对称性因素。

第三节　国、地税机关联合办税

实施分税制财政管理体制、组建国家和地方两套税务机制，在确保中央财政收入稳步增长、调动地方财政的能动性方面起到了积极的作用。但随着税收征管制度的进一步改革，税收征管范围的不断调整，国、地税机关分别管理模式的各种弊端日趋显现，在部分税收征管领域已明显不适应形势发展的要求。2004年至2011年，国家税务总局相继下发了《关于加强国家税务局地方税务局协作的意见》和《关于进一步加强国家税务局地方税务局合作的意见》两个文件。在现行分税制财政管理体制下，强化国、地税部门间的协调配合，全面实施联合办税，对于解决当前税收管理过程中的诸多矛盾，保证税收征管工作的高效运转，合理降低纳税人的纳税成本，具有十分重要的意义。

一、推行国、地税联合办税

（一）纳税服务中的联合协作

1. 联合建设办税窗口

国、地税可以拓展总局"一窗式管理"理念外延，从整合办税空间开始，整合涉税业务、办税流程、办税审批权，设立国、地税联合办税窗口，试行在国、地税共管户中办证、申报、开票、发票发售等纳税申报和税款征收事项的联合办理，减少纳税人办税流转环节，减轻国、地税信息传递的工作量，实现纳税人进一个办税服务厅，办结国、地税两个部门的涉税业务愿望。

2. 联合整合咨询资源

随着计算机网络的充分运用，国、地税目前均有独立的征管信息系统，极大地方便了管理人员及时、准确地掌握纳税人的各种动态数据。国、地税可将这些征管资源进行整合，实现双方对共管户各类涉税信息的实时查询，使管理员能全面掌握纳税人经营动态，放大信息资源利用效率，提高征管质量和效率。

3. 联合开展税收宣传

国、地税可以联合建立税收宣传教育基地，联合创办纳税人学校，联合组建青年志愿者纳税服务队；联合进行税法宣传，统一印发宣传资料，以国、地税人员交叉搭配的方式联合举行税法宣传咨询活动，这样既提升宣传效果及覆盖面，又降低税收宣传的运营成本。

4. 联合开展权益保护

国、地税可以通过联合成立"纳税人之家"、联合开展"双述双评"、联合进行纳税人满意度调查等活动，共同征集纳税需求、建议，共同完善提高，维护纳税人合法权益。

（二）税收征管中的联合协作

1. 联合税务登记管理

属于国、地税共管的纳税人，国、地税双方可联合在任意一方设立税务登记岗位，岗位由国、地税人员联合担任，流程是本着谁先受理谁办理的原则，对于同一纳税人采取一张税务登记证套用国、地税两局税务登记章，实行统一的纳税人代码，办理结束及时将信息传递给对方。国、地税联合办证，有效节约纳税人办理费用和时间。

2. 联合申报征收管理

依托联合办税窗口和网上办税平台，实行申报征收的联合管理。国、地税可以联合开发一个软件平台，让纳税人能够按国、地税统一格式的纳税人申报表（囊括国、地税所有申报税种和费种）进行网上申报或上门申报，申报成功后由系统自动按税、费种及征收部门进行分流。联合申报征收管理可以将大量的税务干部从烦琐的征收开票事务中解脱出来，将精力集中于税源管理和纳税服务，并且使纳税人不必每次申报都要进国、地税两个征管系统或往返于国、地税两个部门。

3. 联合零散税源管理

由政府牵头，对零散税源实行社会化管理。由国税、地税、政府各自派出人员成立社会化综合治税办公室，实行对零散税源设立登记、变更登记、定额核定、停复业管理、申报征收、典型调查、税务检查、注销登记等税收征管工作的联合管理，利用社会力量减少漏征漏管，提高零散税源的管理质效。

4. 联合涉税风险应对

国、地税联合组建风险应对团队，国、地税数据管理部门借助各自的软件系统，结合各种渠道得到的涉税信息，对征管数据进行分析、比对，产生疑点信息分别传递给联合风险应对团队，由风险应对团队通过案头分析与上门巡查相结合的方式分析风险产生的原因，与企业一起寻找化解和预防风险的对策。同时，对涉及跨税种、跨地区等重大涉税风险事项及时做好应对工作。

5. 联合开展纳税评估

成立国、地税联合评估小组，定期或不定期召开联席会议，共同研究联合开展纳税评估工作方法、解决开展纳税评估工作中存在的问题。联合小组严格按照纳税评估工作程序和步骤，按统一的标准、统一的口径、统一的执法力度。在开展评估前，国、地税评估小组各自进行比对、分析，产生纳税差异户名单，通过集体讨论确定评估对象；在评估过程中，共同开展案头评估和实地检查，对评估过程中发现的问题集体讨论拟定处理意见，指导企业开展自我纠正。联合评估实现了国、地双方以少量的人力投入化解征纳风险的目的。

6. 联合信誉等级评定

国、地税联合成立纳税信用等级评定管理委员会，共同制定《共管户纳税信用等级评定试行管理办法》，真实准确通报纳税人生产经营情况和相关涉税信息，联合进行纳税信用等级评定；联合进行 A 类纳税人的社会公告，联合向上级部门和当地政府推荐年度纳税先进，营造依法纳税氛围，促进纳税遵从。

（三）税务稽查中的联合协作

1. 联合实施稽查选案

国、地税应共同建立检查计划备案制，将共同管辖的纳税重点税源户、上级安排专项检查中的共同管辖户、群众举报及上级转办案件中涉及共同管辖的涉税违法大要案件登记《备查纳税人清册》，为科学选案、进一步提高稽查选案准确率奠定基础；在此基础上，国、地税在联合选案时，应将各自掌握的资料信息相互交流，共同加以分析研究，协商确定所查对象，努力提高选案的准确率。并制订切实可行的联合检查的具体方案，为检查实施奠定基础。

2. 联合实施入户检查

对涉及双方业务的重点纳税人，国、地税成立联合检查组进行联合检查。双方检查人员必须严格依照法定权限、法定程序，在其规定的职责范围内，按照职责分工，实施联合检查工作。为确保发现的问题得到有效的解决，对联合检查活动可能发现的发票使用、账证管理、银行账户备案等问题进行归类梳理，明确整改落实单位，并相互通报。对查出的问题，国、地税应一起向其送达《稽查约谈通知书》，联合进行稽查约谈，并做好两份约谈记录，共同搜集企业更多的涉税违法信息，掌握违法手段。国、地税联合检查增强征管合力，消除差异，减少"多头入户"，减轻纳税人负担，提升打击力度。

二、深化国、地税联合办税的前瞻性思考

在当前各方面条件都不很成熟的情况下，国、地税可以根据各地自身特点，从完善制度、丰富内容、搭建平台入手，灵活而稳妥地搞好一些协调与合作，为联合办税探索扎实有效的工作途径。

（一）健全联合办税工作制度

没有健全的协作制度作保证，就难免在联合办税过程中遇到协作需求与对方的工作计划发生冲突的情况，或者超越对方的职能范围。因此，国、地税要根据各自的工作实际，对双方配合协作的有关内容、方法进行认真研究，对配合协作的层面、手段进行协商，制定联合办税有关制度和办法，周密安排各项协作工作，保证联合办税工作的有效开展和协作效能的充分发挥。

联合办税的重要基础是互通有无、彼此信任、增进了解。因此，要建立起双方的重要情况通报制度，对本部门无需保密的重要活动安排、重大工作部署，及时向对方进行情况反馈。最好能以一个月为一周期，对需要对方了解的本部门日常性工作开展的有关情况，向对方进行定期通报。这样，双方既能达到彼此沟通、互相了解、相互学习、共同提高的目的，又有利于根据对方的工作重点、工作需求，批准合作切入点，有针对性地部署合作事项，使合作的目的性进一步增强，效率进一步提高，成果进一步显现。

（二）提升联合办税工作层次

1. 联合管理税务登记和纳税鉴定

在管理税务登记过程中，国、地税之间应当就新办、变更、注销税务登记的形式和流程进行协作与沟通，明确纳税人的纳税义务项目和申报地点，尽量避免纳税人重复报送资料。

2. 联合管理个体纳税户税款

对于国、地税共管的个体纳税户，国、地税应联合进行纳税户定期定额征收方式的认定，定期联合开展分行业、分不同规模业户的典型调查，共同评估、确定应纳税收入、毛利率等指标，并以此为基础共同研究确定分户应缴纳的各项税额及总的应纳税额，尽可能在定额的核定标准方面统一方法，实现同一户个体纳税户国、地税同一个身份、同一个定额，并一致联合发布公告，以避免出现对同一纳税人核定税基不一致的问题。

3. 联合开展企业所得税管理

对财务制度不健全等需要核定征收企业所得税的企业，国税局和地税局在核定企业所得税或制定核定标准时，应密切配合，制定统一的核定征收办法。在一个市（县、区）的范围内，对经营规模、方式、范围基本相似的企业，其核定的定额或执行的核定标准应基本一致，避免形成税收负担不公。

4. 联合进行税务检查和纳税评估

建立国、地税稽查局间的查前信息通报制度、查中协调配合制度和查后结果反馈制度，定期交流、分析、解决双方在协调和配合中发现的问题，研究重大税收违法案中的法律适用、定性和量罚等问题，协调和部署专项行动。对同时涉及国、地税管辖的税务举报案件，可先实行国、地税同步或联合检查的方式。对各自接到的举报案件，凡不属自己管辖范围的，要及时向对方传递信息，确保税收违法案件的及时查处。办理重大案件时，发现涉及对方业务的重大税收违法线索的情况，要及时通报对方或商请对方介入，实行联合检查。对于日常检查计划，国、地税可以事先联合确定检查名单、检查时间等事项，以便国、地税联合实施税务检查，最大限度地解决纳税人反映强烈的重复检查问题。对于纳税评估计划，国、地税也可以事先联合确定评估名单、评估时间等事项，以便联合实施纳税评估，避免纳税人重复报送资料。从稽查工作的长远发展上，也可设想从根本上改革现行稽查管理体制，将国、地税两套稽查机构合并，并实行相对垂直领导，这样才能保证稽查工作的统一性，避免重复检查、交叉冲突和工作中因体制问题导致的疏漏。

5. 联合进行涉外税收管理

对从事承包工程和提供劳务的外国企业，国、地税之间应当在其是否构成常设机构的认定上协调一致，并在税源管理、税收征收等方面加强合作信息交流。对外国企业驻华代表机构的税收管理，在纳税人身份认定、税基核定上应协调一致。在售付汇税务凭证管理中，国、地税之间应当将出具税务凭证、征收税款等情况信息，及时传递给同级对方税务机关，双方协调一致后再提供给相关纳税人；双方未协调一致时，任何一方的征免税凭证都不能成为非贸易项目下的付汇依据。凡审计调查跨国交易避税行为时，国、地税之间可通过联合调查或联席会议形式进行协作与沟通。

（三）完善税收信息共享体系

1. 定期交换信息数据

一是税收收入数据。按照国家税务总局的规定，定期相互提供税收会计和统计报表。二是户籍数据，可以采取联网或借助地方政府搭建的信息化平台，实现登记信息在国、地税局之间的实时交换，定期相互传递税务登记户数、变更户数、迁移户数及注销户数等信息。三是货运发票数据，做好协作与配合，确保数据及时准确地传递，以加强对货物运输发票的监管，规范增值税抵扣。四是附加税税基数据，国税局要定期向同级地税局传递增值税、消费税征收信息。五是各类执法信息，国税局在检查或采取强制执行措施追缴纳税人应缴的"两税"时，应及时向同级地税局通报情况，提供"两税"信息，以便地税局据以追补城市维护建设税及教育费附加。地税局发现纳税人有漏报、少报销售收入偷漏"两税"的，应及时向国税局通报情况，并与国税局共同做好税款补征工作。国、地税部门相互交换，互通有无，将使税务情报信息得到最有效的利用，最大限度地节约开支，对税收征管工作产生极其重要而深远的影响。

2. 努力实现信息共享

实现双方网络互联互通，制定国、地税局统一的信息化管理方案，统一双方的管理平台，统一双方的信息采集管理，需要一个漫长的过程和较大的人力、物力投入。各地国、地税局当前要结合工作实际，努力解决国、地税间信息交换与共享平台不一致、机构不对称、标准不统一、交换不到位、整合难度大的问题，在开发各类应用软件时要考虑双方操作软件的匹配与兼容，同时加强对网络系统的改造与接入，搭建广阔的国、地税局税收管理信息平台。

3. 逐步统一国、地税征管软件

统一国、地税征管软件，可以扩大国、地税双方的信息来源，使信息多元化，实现双方信息互通共享，为开展税务情报工作、实现税务信息资源多元化创造条件，最终达到弥补征收漏洞、增加税收收入、完善整个征纳体系的目的。

（四）搭建纳税服务合作平台

1. 联合受理纳税、申报等相关事宜

在受理纳税人纳税申报和其他涉税事项过程中，努力改变当前纳税人奔波于企业和两个税务机关之间的情况，就纳税申报等事项的地点和要求进行协作与沟通。可考虑一方代征模式，或者双方共同设立联合办税窗口，派员到另一方办税厅受理等模式，甚至可过渡到国、地税联合办税服务厅。国、地税局在纳税信用等级评定工作上要密切配合，按照国家税务总局制定的办法，在纳税人纳税信用等级评定标准的制定、评估、审定、公告等环节上协商一致。双方协商不一致时，按评定等级较低一方的意见统一对外公布。

2. 联合开展税收宣传

在一年一度的税收宣传月期间，国、地税局应统一宣传行动，统一刊登宣传公告，共同印发税法宣传的相关资料，统一组织宣传活动。在日常宣传中，国、地税局从保证税法宣传内容的完整性出发，联合编发基础性的税法普及资料，加大对纳税人涉税法律、法规的宣传教育力度，增强纳税人依法诚信纳税意识。共同抓好12366服务热线咨询服务，建立共同的12366咨询服务平台，共同对前台接听人员进行业务培训，统一对外服务，定期（每周或每月）归集问题加以分类，以及制作标准答案，不断改进服务质量。

第三章
纳税服务的凝聚内核

第一节   以纳税人权益为核心

一、税务机关对待纳税人观念的转变

纳税服务理念，即税务机关对纳税服务工作的目的、意义以及开展途径的基本认识，它来源于纳税服务实践，又影响和指导着纳税服务实践。多年来，很多发达国家都把为纳税人服务作为税收的根本理念，其税务机关把为纳税人提供的涉税服务作为自己的神圣职责：美国联邦税务局的英文字面意思即是国内税收服务局；澳大利亚、新西兰等国家则通过制定宪章的形式确立了纳税人的权利和义务，很多国家还对纳税服务的效果制定了严格的考评机制。

而较长一个时期以来，我国税收征管模式是一种"管制型"模式，其前提是假定纳税人都具有偷逃税动机，因此征纳双方是一种管理与被管理的关系。1997年国家税务总局确定"以申报纳税和优化服务为基础，以计算机网络为依托，集中征收，重点稽查"的新的税收征管模式以来，各级税务机关把纳税服务列为重要日常工作。理论上不断充实，措施上不断完善，取得了令社会各界瞩目的显著成效。

以纳税人权益为核心的纳税服务理念，是税务机关对待纳税人观念的自我革命。要坚持以纳税人权益为核心，就必须将"管制型"模式转变为"服务型"模式，必须由传统的"管制型"税收转变为现代的"服务型"税收。这种转变是现代市场经济的内在要求，它是一国税收工作进入现代文明税收阶段的必然路径。因此：

首先，要充分认识到纳税人与税务机关平等的法律主体地位，在税收征管工作中坚持服务至上，坚持以人为本，从全面、协调、可持续发展的角度，进一步优化税收征管组织结构，科学设定征收、管理和稽查的职能，避免各项税收职能在部门

间交叉、纳税人办理涉税事宜在部门间往返等现象。

其次，要牢固树立"税收来源于经济，经济决定税收"的原则，认识到纳税服务的触角仅仅伸到纳税人的纳税环节是相当不够的，还必须延伸到纳税人的生产经营，甚至与生产经营相关的个人生活等领域。

再次，要充分认识到优质高效的纳税服务，能有效降低税收征纳成本。一方面，优质的纳税服务使纳税人减少纳税时间、减少因不了解税收政策而产生的税收成本；另一方面，通过优化纳税服务，可以缓和征纳双方之间的矛盾，改变纳税人对缴纳税款的抵触情绪，增强其自觉纳税的意识，从而减少税收征纳过程中的偷、逃、漏、抗税行为，进而降低在税收检查、税收强制执行等方面的成本。

最后，要充分认识到优质高效的纳税服务，是税务机关服务经济社会发展，树立良好形象的重要手段。我国已步入以人为本的良性发展时期，为纳税人提供优质高效的纳税服务，既是时代的要求，又是提升税务行业形象、助推经济社会发展的要求。

当前，我国纳税人权利保护尚属一个初步觉醒的阶段，到底纳税人有哪些具体的权利，一直缺乏明晰、法定的界线。《税收征管法》对纳税人权利第一次有了集中而明确的规定，且加强了税务机关相应的责任和义务，使得我国纳税人权利保护确实上了一个新台阶。2009年，国家税务总局首次发布《关于纳税人权利与义务的公告》，把散落在我国税收征管法及其实施细则和相关税收法律、行政法规中的相关规定"归拢"，明确列举了我国纳税人拥有的十四项权利与十项义务，如知情权、监督权、保密权等。

富兰克林有句名言，人的一生有两件事是不可避免的，一是死亡，二是纳税。纳税涉及每个人的切身利益，对纳税人权利的明确自然引起极大关注，尤其是在一个缺乏纳税人权利传统、纳税人权利仍显屡弱的社会中。

回归和尊重宪政常识，明确纳税人权利，公众当然欢迎。但只说有知情权和监督权，但知什么情、如何监督，都缺乏实质界定和操作安排。此外，税务局只是一个负责收税的事务性部门，而纳税人权利涉及整体的权力架构、政府与民众的政治关系和对宪政制度的理解，这不是税务部门一家就可以决定的。公众担心纳税人权利徒具"观赏性"，只是一种"纳税光荣"的宣传。这些忧虑有一定道理，但即使这些权利有虚置的可能，相对于过去纳税人权利的模糊、抽象和不确定，也是一种进步。

明确纳税人权利，有利于强化"纳税人供养政府"这个基本宪政常识，通过纳税对官员进行"谁供养着你"、"权力来自何处"、"你应该尊重谁"的政治启蒙。纳税是让官员明白"权力来源"这个政治本源问题的最直观最直接最能说清问题的方式。因此，为了让官员明白谁养着自己，上海在20世纪就曾选择每个月由纳税人直接将工资交到官员手中，不过这个有意味的象征形式并没有坚持下来。

如今列出纳税人的权利清单，明确了公众对自己纳税的一些权利，超越了那种

"让纳税人给官员发工资"的形式上的简单象征,更能对官员进行启蒙和约束。虽然纳税人权利的观念似乎妇孺皆知并不新鲜,但很多时候只是纳税人自以为是、一厢情愿的认知,并没有在法律层面成为共识。一些官员骨子里对纳税人毫无尊重。

明确了纳税人权利,纳税人以后就可以此为依据,向政府要权利。从形式上看,国家税务总局派发的权利清单,有空壳之嫌——但权利从来都不是恩赐的,不是等着别人送给你的,而要纳税人积极去争取。国家税务总局发布的虽然只是一个框架,但纳税人可以通过不断的维权和争取往里面填内容,通过具体的案例把抽象的知情权变成具体的"知什么情",把模糊的监督权变成实质的监督,把纸面上的空洞规定激活为现实中可以触摸的权利。

当初的《政务公开条例》也是一个很空洞的框架,正是公民积极、活跃的争权意识,让"政务公开"下的知情有了越来越多的具体内容,公民对"政府不公开吃喝财政"的起诉,舆论对财政预算保密的声讨,法律专家就政府收入不透明上书人大,这些积极举动往权利空壳中填充了越来越多的具体权利。纳税人权利也是如此,有了依据和框架,就等着纳税人积极去激活和填充了。

谈到权利,许多人都喜欢用与生俱来、天赋不可让渡、神圣不可侵犯、不证自明这些修饰语,其实权利从来都超越不了一个社会的现实和历史。权利的实现需要物质基础,有些权利只有一个社会的物质发展到一定程度才能实现,比如义务教育;权利的实现少不了社会文明的进步和认知水平的提高,比如隐私和休息;权利更是公民在现实中通过协商、博弈、界定清楚并相互承认才能确证的一种东西,权利对应着义务,如果没有相应的义务承担者,权利形同虚设。纳税人权利在中国的真正确立,也不是一厢情愿的抽象自负可以完成的,它需要在点滴进步和不断博弈中积累。

国家税务总局明文列举了纳税人权利,这是权利实现里程中一个不小的进步,框架已经有了,往里面填充内容,需要立法者和纳税人的进一步努力。

二、如何实现以纳税人权益为核心

税务机关作为政府的一个重要部门,如何转变观念,在加强税收征管中以纳税人权益为核心,为纳税人提供高效、优质服务,建设服务型机关,是必须解决好的重大课题,必须坚持以人为本理念,以纳税人为本,为纳税人服务。而要真正做到这一点,需要税务机关不断解放思想、转变观念,解决纳税服务中存在的突出问题,构建现代纳税服务体系,为科学发展、和谐发展提供助力。

(一)破除陈腐观念

坚持以人为本,建设服务型税务机关,需要正确认识和处理税务机关与纳税人的关系,解放思想,转变观念,树立全心全意为纳税人服务的科学理念。

一要破除"以税务机关为中心"的陈旧观念,树立以纳税人为中心的新理念。

在"管制型"征管模式下，税收工作的出发点往往以税务机关、征管工作为中心，较少考虑纳税人的需求。如：制定税收管理措施时，往往从方便征管的角度考虑得多，从方便纳税人角度考虑得少；落实税收政策时，往往从影响税收层面考虑得多，从维护纳税人权益等方面考虑得少。随着行政体制改革的深入，政府与纳税人的关系发生了深刻变化，提供公共产品和服务成为政府一项基本职能，要求税务机关必须由"管制型"向"服务型"转变，这就要求税务机关一切工作的出发点要放在纳税人满意上，一切工作的落脚点要放在纳税人满意上。

二要破除"单纯把纳税人当做管理对象"的错误观念，树立征纳双方法律地位平等的新理念。近些年，税务机关不断优化纳税服务，推出了很多的服务措施，但在落实中，管理的成分还远远大于服务的分量，在有些时候，为纳税人服务还只停留在口号层面。有些税务干部认为，税务机关是收税的，不是服务的，纳税人就是税务机关的管理对象；有些税务干部习惯以管理者自居，与纳税人打交道时，缺乏真情实感，把服务当成是对纳税人的"恩惠"；有些干部把自己当成"领导"，把纳税人当成"下属"，态度生硬、颐指气使。随着市场经济体制不断完善，建设服务型政府成为大势所趋，税务机关和税务干部必须重新认识与纳税人的关系，进一步转变角色定位，真正从"执法+管理"的强势心态中走出来，树立"管理+服务"的先进理念，寓执法和管理于服务种种，充分尊重纳税人，真心服务于纳税人。

三要破除"纳税人都想偷税逃税"的落后观念，树立尊重和相信纳税人的新理念。常言道：税收是喂养政府的奶娘，纳税人是我们的衣食父母。但在实际工作中，认为纳税人都想偷税逃税的观念，仍然不同程度地存在。税法上规定了简易申报、简并征期等方式，但税务机关往往对纳税人"不放心"，人为设置过多环节；在税务稽查工作中，少数工作人员往往先入为主，戴着"有色眼镜"看待纳税人；少数单位在对纳税地点的认定上，总是"怀疑"纳税人利用总分机构逃避税收，故意在审批上"设卡"等。主观上怀疑纳税人，会造成征纳双方心理上的隔阂和对立。要彻底摒弃怀疑纳税人的思想，从内心深处相信纳税人会依法诚信纳税。同时，要给予纳税人足够的税法宣传和辅导，帮助纳税人自觉遵从税法，形成征纳双方良性互动。

四要破除"纳税服务与己无关"的狭隘观念，树立税务干部人人都是服务主体的新理念。纳税服务是税务机关的法定职责，每位税务干部都有做好纳税服务的责任和义务。不同岗位，纳税服务工作的内容、要求和方式有所不同。有人认为，纳税服务只是办税服务厅人员的事，我在机关，与我无关；有人认为，我不搞税收业务，与纳税人不打交道，纳税服务不关我事；有人认为，我在后台搞基础资料，纳税服务跟我没有直接关系。这些都是思想认识不到位的表现。即使是从事政务后勤工作的同志，如果工作运转效率不高，导致纳税人不能及时了解掌握信息，也会影响到纳税人生产经营。可以说，纳税服务人人有责。全体税务工作者都要彻底转变纳税服务与己无关的思想,不论在机关还是在基层,不论是否与纳税人直接打交道,都是纳税服务的责任人。

(二)科学确定纳税服务价值取向

纳税服务价值取向,即开展纳税服务的根本目的和基本目标,它是税务机关开展纳税服务的主要动力。从某种意义上讲,税务机关纳税服务意识的强弱,纳税服务力度的大小,以及纳税服务成效的大小,均取决于纳税服务价值的取向。以纳税人权益为核心的纳税服务新理念,要求税务机关科学确定纳税服务价值取向。它包括:

其一,"最大限度减少征纳费用,降低税收成本;最大限度方便纳税人,助推纳税人的生产经营"的经济价值取向。用尽可能小的成本按质按量地完成法定税收征收任务,是税收征管过程中追求的重要目标;用尽可能小的成本,换取最大的收益,是纳税人永远追求的目标。税务机关要通过优质高效的纳税服务,一方面降低征税成本;另一方面降低纳税成本。

其二,"执法和服务并重,并相互依存,相互促进,依法治税良好局面全面形成"的法制价值取向。依法治税是税收工作的生命线,税务机关的首要职责,就是坚持依法治税;纳税人的基本义务,就是依法纳税。而优化纳税服务,既是时代的要求,又是税收征管工作的重要组成部分。税务机关正确处理依法纳税和纳税服务的关系,首先要认识到"公正执法就是对纳税人最好的服务"、"对违法纳税人的处理就是对守法纳税人最大的尊重、最大的诚信和最好的服务",要切实防止重服务轻执法或重执法轻服务现象,做到服务与执法并重,在服务中执法,在执法中服务,执法与服务相互促进、共同发展。

其三,"纳税人对税收法律法规和政策充分遵从,税收秩序和谐、良好,税务机关情为民所系、权为民所执,形象良好"的社会价值取向。税务机关要坚持以满足纳税人的正当需求作为工作的根本出发点和归宿,要树立正确的政绩观,坚持把纳税人的呼声和意愿作为指导工作的第一信号,把纳税人的评价作为衡量工作政绩的第一尺度,做到情系于纳税人,优质服务于纳税人,促进纳税人对税收法律法规和政策的充分遵从,促进税收秩序的和谐、良好发展。

(三)科学构建四个机制

1. 确保运行机制

确保以纳税人为中心的纳税服务工作经常、长期坚持开展。税务机关要充分认识到以纳税人为中心的纳税服务工作的长期性和艰巨性。把纳税服务作为日常税收征管工作的重要组成部分,制定短、中、长期相结合的规划,并纳入目标管理,落实人员,落实责任,并常抓不懈。当前,税务机关应充实和完善纳税服务内容,将纳税服务不仅仅局限于文明征税、礼貌待人、行风廉政、税务形象等范畴,要实现纳税服务从"职业道德要求"向"法定行为规范"转变,与时俱进地重点落实好公开办税制度、纳税服务责任制度、纳税服务承诺制度、纳税服务质量考核制度以及纳税服务责任追究制度；建立健全包括宣传咨询、政策发布、申报纳税、法律救济等内容在内的纳税服务体系，把税务机关建成实实在在的真正的"纳税人之家"。

2. 价值确认机制

这主要是对以纳税人为中心的纳税服务工作的综合价值进行评判。它主要解决在以纳税人为中心的服务工作中税务人员如何干和以何种标准对税务人员进行讲评的问题。纳税服务是税收征管工作中的重要环节，是税务部门根据税收法律、行政法规的规定，在纳税人依法履行纳税义务和行使权利的过程中，向纳税人提供的规范、全面、便捷、经济的各种措施的集合，税务机关要根据实际，将纳税服务工作细化、量化，并制定正向价值的评价标准。

3. 创新发展机制

创新是事物发展的不竭动力，创新是没有止境的。税务机关在以纳税人为中心的纳税服务的理论与实践中，需要不断创新，使纳税服务工作不断拓展领域，不断提升质量。税务机关要着眼当前，立足长远，建立以纳税人为中心的纳税服务的创新发展机制，使纳税服务工作永葆生机和活力。

4. 激励奖惩机制

对以纳税人为中心的纳税服务工作进行考评，并奖优惩劣，它要求税务机关对税务人员纳税服务情况严格考核，并将考核结果与税务人员的利益直接挂钩，作为精神鼓励、物质奖励以及提升晋级的重要依据，从而有效激发税务人员的积极性、创造性。同时，可以借鉴西方国家先进经验，引入中介组织和社会化服务竞争机制。实践中的美国和英国，20世纪90年代以来因为充分利用中介组织和社会化服务，大大降低了征税成本。我国30多年社会主义市场经济建设的较好基础，已具备进一步深化税收征管改革，将纳税服务引入竞争机制，充分利用中介组织和社会化方式开展纳税服务的基本条件。

（四）构筑科技服务、执法服务和促产服务三个平台

1. 科技服务平台

以纳税人为中心的纳税服务需要科学技术的发展，税务机关要充分利用现代信息化建设成果，加大税收征管的科技含量。要构建完善的税收征管信息化平台，实现税务登记、纳税申报、发票领购、远程认证等多种税收信息化目标的集中处理和控管；要构建完善的公共信息化服务平台，实现法规公告、纳税咨询、发票查询、投诉举报、行政许可审批、涉案案件曝光、各种意见征询等诸多涉税事宜的网格式和开放式服务；要积极推进以电话申报纳税、邮寄申报纳税和互联网申报纳税为重点的多元化申报纳税及网络认证，不断深化"一窗式"申报、"一户式"存储、"一站式"服务等纳税服务模式，使纳税人享受到纳税的便利和快捷。

2. 执法服务平台

新的历史时期，执法和服务并不矛盾，它们辩证地统一于执法服务平台之中。税务机关要坚持依法征税方略，按照"内外并重、治外必先治内"的思路，做到

对纳税人公平税负，一视同仁；要增强执法透明度，坚持"执法依据公开、职能职责公开、办事结果公开"等制度，是税收法律法规、政策规章、办事程序、纪律、时限，是部门职能、职责、权限、单位领导姓名、职务、对纳税人服务项目和承诺、重大决策执行情况、定税标准结果情况等全面公开，自觉接受群众监督检查；要加强对税收执法和行政管理权的监管，推行行政执法责任制和执法过错责任追究制，整治税务人员的不规范行为，努力为纳税人提供公平、公正的执法服务和文明高效的纳税服务；要切实转变职能，简化服务程序，改进服务手段，提高办事效率，给纳税人以热情周到的礼遇。

3. 促产服务平台

促产增收是以纳税人为中心的纳税服务的根本目的。税务机关要以建设服务型机关为目标，按照构建和谐征纳关系的要求，深入开展"以纳税人为中心，为纳税人服务，让纳税人满意"活动，寓管理于服务之中，深入纳税人、贴近纳税人，积极为纳税人办实事、办好事，不断改进和优化纳税服务，做纳税人的"知心朋友"。要认真落实各项税收优惠政策，综合运用税收政策、征管、信息手段，重点服务于招商引资，扶持优势产业和国有大中型企业、民营企业、改组改制企业发展，扶持农民、下岗职工及其他弱势群体的创业活动，坚持跟踪问效，达到服务对象成长壮大、生产经营效益提高、市场竞争力增强的目的。要充分发挥税务人员懂管理、懂经济的优势，帮助纳税人搞好经营核算，为纳税人当好生产经营的参谋；利用自身经济信息较广的优势，热情为纳税人提供适用、有效的生产经营信息，帮助扩大生产和发财致富；要支持纳税人合法竞争，更好地适应市场经济的要求，并在竞争中不断发展、壮大自己。

第二节　以纳税人需求为导向

纳税需求是纳税服务工作的起点。优化纳税服务必须始终坚持以纳税需求为导向，努力在掌握纳税需求、响应纳税需求上下工夫。全国税务系统纳税服务工作会议强调了纳税需求管理工作的重要性和必要性，明确提出要"建立健全收集纳税需求、分析纳税需求、满足纳税需求的快速响应机制，实现纳税需求获取渠道日益畅通，纳税需求分析机制全面建立，纳税人正当需求得到有效满足"的工作目标。税务机关要按照总局的要求，从建设"服务型政府"和构建和谐征纳关系的高度，充分认识加强纳税需求管理工作的重要意义，切实把纳税需求管理工作放在重要位置，建立健全规范统一的纳税需求管理工作机制，明确纳税需求征集、分析、评估和响应等环节的工作要求和操作规范，广泛深入地征集纳税需求，准确把握纳税需求变化趋势，科学分析评估纳税需求的合理性和可行性，持续加强和改进纳税服务中存在的不足及问题，不断提高纳税人税法遵从度，推动纳税服务健康顺利发展。

"十一五"时期，我国纳税服务工作实现了快速发展，纳税服务水平得到了进一步提升。"十二五"时期是纳税服务科学发展的关键时期，纳税服务工作将面临新的机遇与挑战。纳税服务工作的对象、手段、主体将呈现新的特点，对税务部门以改革创新精神开创纳税服务事业发展新局面提出了新课题。为适应新形势的发展变化，必须与时俱进，开拓进取，借鉴国际经验，探索内在规律，更加积极主动地做好纳税服务工作，使"十二五"时期纳税服务工作迈上新台阶。从国家税务总局《全国税务系统 2010—2012 年纳税服务工作规划》到《"十二五"时期纳税服务工作发展规划》，都明确"始于纳税需求、基于纳税人满意、终于纳税人遵从"的工作目标。

一、纳税服务需求理论分析

（一）对纳税服务需求工作的定位

1. 纳税服务需求工作是对税收征管工作进行战略管理的前提，是税收征管的前导性工作

《"十二五"时期纳税服务工作发展规划》明确纳税服务工作指导思想是以邓小平理论和"三个代表"重要思想为指导，深入贯彻落实科学发展观，围绕服务科学发展、共建和谐税收的工作主题，遵循征纳双方法律地位平等的服务理念，以法律法规为依据，以纳税人正当需求为导向，以信息化为依托，以提高税法遵从度为目的，丰富服务内容，创新服务手段，完善服务机制，提升服务质效，积极构建和谐的税收征纳关系和服务型税务机关，全面推进现代纳税服务体系建设。

2. 坚持满足正当需求是纳税服务工作的基本原则之一

《"十二五"时期纳税服务工作发展规划》明确认真倾听纳税人呼声，准确把握纳税人的正当需求，更多地从纳税人角度考虑工作思路和工作措施，及时解决纳税人最关心的问题。所以，满足正当需求是纳税服务工作的基本原则。以更好地帮助纳税人实现纳税义务，维护纳税人权利为出发点、落脚点，认真倾听纳税人呼声，准确把握纳税人正当需求，更好地从纳税人角度考虑工作思路和措施，及时解决纳税人最关心的问题。

3. 纳税需求工作是纳税服务工作的出发点和落脚点

《"十二五"时期纳税服务工作发展规划》明确纳税服务工作目标是到 2015 年年末，基本形成以理论科学化、制度系统化、平台品牌化、业务标准化、保障健全化、考评规范化为主要特征的始于纳税人需求、基于纳税人满意、终于纳税人遵从的现代纳税服务体系。

（二）对纳税需求内涵的认识

1. 把握需求的内涵

从纳税人视角看，任何纳税人都希望更好地生存、发展、壮大，获取更多的经济利益，必然期望承担尽可能低的税收负担及履行税收义务的成本，希望税务机关营造一个公平公正的经济税收秩序。这是纳税需求产生的内因和本源。从税务机关

视角看，税务机关有责任、有义务帮助纳税人了解其自身的纳税义务，并帮助纳税人更容易地参与到税收体系中来。同时，改进和优化纳税服务，有利于改善执法环境，提高执法效率，降低执法成本。从这个角度出发，税务机关提出的纳税需求是税收征管策略的重要组成部分。如果把由纳税人主张的纳税需求定义为主观需求，那么基于税收执法需要由税务机关提出的纳税需求则是客观需求。这二者相互作用、相互影响，处于不断调整变化、动态发展之中。

2. 揭开需求的表象

从纳税人的角度看，一是降低税负需求。希望得到税法宣传辅导和政策讲解，通过提高税收知识和办税水平，实现降低办税成本和合理避税的目的。二是公平便利需求。要求税负公平，以及税务机关提供简捷、透明、规范的办税流程和程序。三是权益保障需求。需要税务机关及时提供帮助解决办税过程中遇到的困难，并通过有效措施维护其合法权益。四是尊重礼遇需求。要求办税环境优化、工作作风优良、服务态度友好。五是自主参与需求。希望参与社会事务的管理，对税收政策和工作施加影响。从税务机关的角度看，一是减轻负担。尽可能为纳税人提供更便捷的服务，与其建立和维护良好的关系，保证纳税人始终愿意自觉自愿地完成税收义务，同时，提供个性化服务，减轻纳税负担。二是教育帮助。及时提供必要的宣传教育和辅导帮助，主动帮助纳税人完成税收义务。

（三）分析需求的特征

国家税务总局《"十二五"时期纳税服务工作发展规划》为我们正确理解和把握以正当需求为导向的纳税服务提供了很好的指导思想和注解。以纳税需求为导向的纳税服务就应该是以征纳平等为前提，由税务机关及其他涉税组织和机构，基于纳税人正当需求，依照相关法律法规的规定，向纳税人提供的公平、公正、文明、高效的服务活动。它应该具有以下特征：

1. 纳税需求与纳税服务应是内容和形式的统一

纳税服务具有其相对独立性，有特有的表现形式和内在要求。纳税服务的外在形式为：齐全的服务方式，包括窗口服务、热线服务、网上服务等；良好的办税环境，包括窗口设置、环境卫生、便民设施和其他各种办税设备；文明的机关形象，包括服务用语、服务礼仪、服务标识等。而纳税服务的核心则是纳税服务机构公平、公正、高效的服务，贯穿于税收立法、税收执法和税收司法全过程，是以维护和实现纳税人的合法权益为目的。它不仅仅是某一个税务人员和纳税人点对点的关系，更是税务机关包括相关立法、司法机关和社会中介机构与纳税人面对面的关系，既有制度服务也有行为服务，既有前台服务也有后台服务，既有事中服务也有事前和事后服务。

2. 纳税需求与纳税服务应是供与求的统一

服务供给和纳税需求是对立统一体。纳税需求的发展变化为我们改进和优化纳税服务提供了方向和实践意义。作为税务机关应该从一定时期内大多数纳税人的正当需求出发，依托现代化、信息化手段，调整和改进纳税服务，构建一个普遍的无差别的纳税服务环境。同时，鉴于不同的纳税人在具体过程中所需的纳税服务形式和内容上的不同，税务机关从纳税人实际需要出发，创造性地落实各项制度规定，满足特定人群、特定区域、特定时段的正当需求，即在纳税服务普遍化基础上兼顾个性化，为纳税人提供差异化服务。我们也应该认识到，税务机关服务供给也不是完全被动地适应纳税需求。税务机关作为行政执法机关具有一定的信息优势和体制优势，在政策的制定、执行和经济、社会总体走向的把握上要优于普通纳税人。因此，税务机关应该从自身优势出发，对纳税需求进行大胆预测、判断和引导，克服纳税需求的短期性、盲目性和局限性，做到顾全大局、未雨绸缪，从而更好地维护和实现纳税人利益。

3. 纳税需求与纳税服务应是目的和手段的统一

税务机关具有双重身份：一方面，税务机关担负着聚财为国的职能，要为政府政治统治和公共管理职能的正常履行筹集资金，扮演着"收税人"的角色；另一方面，税务部门征税过程中的各项费用开支来源于公共财政的支出，还扮演着"用税人"的角色。所以，税务机关既是"收税人"，又是"用税人"，既是管理者，又是服务者。从"收税人"的角色出发，税务机关优化纳税服务是为了在降低征税成本的基础上提高纳税人税法遵从度，使税收征纳秩序更加优良，使国家税款更有保障。从"用税人"的角色出发，为纳税人服务，就是为人民服务，这是税务机关的天职，优化纳税服务的最终目的就是维护纳税人的权益，使纳税人与税收有关的权益得到确实保障。

（四）对纳税需求范围的认识

2008 年国家税务总局在《全国税务系统 2010—2012 年纳税服务工作规划》中对纳税需求的界定是"合理需求"，《"十二五"时期纳税服务工作发展规划》中对纳税需求的界定是"正当需求"，应该说是范围更加明确了。

从税收遵从理论上讲，税收流失是由三种情况造成的：第一种叫无知型不遵从，即纳税人想缴纳税收，但是他对税法不了解，对具体办税程序不清楚，因此他没有缴纳税款；第二种为情感型不遵从，即纳税人原本愿意缴纳税收，但由于他看到别人缴的税比自己少，心里就不舒服、不服气，或者因税务机关提供的办税条件差、缴税程序繁琐，或是税务人员的服务态度卑劣，让纳税人产生了抵触情绪，使纳税人交税积极性受挫而不愿自觉纳税；第三种是自私型不遵从，就是纳税人从思想上压根儿就不想纳税，也就是我们现在所说的偷逃骗抗税这种形式。这三种类型中，绝大多数的纳税人是无知型和情感型的，极少数是比较恶劣的偷逃骗抗税。为了堵截纳税人因无知型和情感型不遵从而造成税收流失，就必须要求税务部门根据纳税人的正当需求提供优质、高效的纳税服务，要通过税收宣传来普及税法，通过简化办税程序、提供多种申报缴纳方式方便纳税人办税，促使纳税人从无知到有知，由不愿纳税变为愿意缴纳税款。

那么怎样判断纳税人的需求是否属正当需求呢？这就要看纳税人所提出的涉税需求跟提高纳税遵从之间有没有冲突，凡是对提高纳税遵从没有阻碍的涉税需求，都属于正当需求的范畴。如果纳税人某些需求是为了规避税收管理、对抗税收执法，肯定就属于对提高纳税遵从有阻碍的、不正当的需求。

实务上，做好纳税服务工作，必须以纳税人正当需求为导向，为纳税人提供多品种、多项目的共性化和个性化服务。共性化服务内容包括税收政策服务、纳税程序服务、纳税维权服务等方面，它主要通过纳税服务网站、办税服务厅"一窗式"或"一站式"办税、12366纳税服务热线、多元化申报纳税"菜单"提供、纳税维权救济、首问责任制、限时办理制等方式与途径来实现；个性化服务方式包括提供纳税咨询服务、上门辅导服务、预约服务，以及开展纳税评估以提醒纳税人自行更正纳税申报错误等深层次服务。当然，纳税服务工作不能停留在表面现象或即有水平上，它需要与时俱进和不断创新。

（五）对纳税需求层次的认识

纳税人的需求往往是多方面、多形式、多层次的，其中还包括许多不能用技术语言表达的、不能实现的和不正确的需求，具有很强的不确定性和无序性。因此，要建立以纳税需求为导向的纳税服务体系，首先要对纳税需求进行正确的界定。按照马斯洛的需求层次理论，纳税需求也可由低到高初步分成以下三个层次：

1. 被动需求

这是指在税收法律、法规和规章制度中关于税务机关和纳税人权利和义务的相关规定。这是一种法定的刚性需求。同时，这也是纳税人最直接、最有效、最有保障的需求形式，是"依法治税"、"诚信纳税"的基础。一方面，纳税人要严格履行法定义务；另一方面，税务机关要在现有法律、制度框架内，为纳税人履行义务提供方便，并进一步建立健全各项规章制度，公开政策规定、服务内容、服务承诺、服务程序、服务标准，不断增加透明度，实行阳光操作，为纳税人提供知情权、参与权和监督权的制度和法律保障。被动需求在制定和执行过程中，不管纳税人满意与否都是客观存在的，纳税人只能以一个旁观者的身份审视税务机关纳税服务的各项措施和各个环节是否落实到位，并谨慎地给予监督和怀疑。

2. 体验需求

这是指纳税人在生产、经营中面临困难和不便，并希望税务机关予以关注和帮助的愿望表达，是纳税人和税务机关双方互动的过程。在交流和互动的过程中，纳税人的需求更加复杂、多变和个性化，需要税务机关对纳税人的困难有足够精确的了解，困难的解决程度成为满足需求的关键。在这种情况下，纳税人迫切需要增强在纳税服务领域的发言权，促使纳税需求的焦点从"税务机关如何才能对纳税人进行有效的管理"、"税务部门如何实现和服务于纳税人利益"悄然向"纳税人怎样才能从税务机关那里得到所需要的东西"、"纳税人利益是怎样被实现的"转变。体验需求最终的结果融合了征纳双方的思想和观点，是双方共同努力沟通的结果，纳税人的参与程度大大增加，并给予税务机关一定的配合和方便。

3. 价值需求

这是指纳税人在追求商业利益的过程中，认同并践行科学的价值观，以回报社会，实现自我的需求。这种需求可能是纳税人自己提出的，更有可能是包括税务机关在内的各种社会力量综合作用的结果。税务机关在帮助纳税人解决具体困难的同时，引导纳税人在企业经营理念和实践中树立科学的价值导向，正确认识和处理"税收、发展、民生"的关系，积极呼应社会主义核心价值观，使其在同行业、同领域实现企业的愿景和梦想。价值需求不仅仅是解决问题，更是一种理念的贯彻，也是创新性思想的凝结，如果能提炼并让纳税人与时俱进，内化为自身的客观需要，则税务机关会赢得税收工作的极大主动权。

随着我国社会主义市场经济体制的不断巩固和完善，建设服务型政府步伐的加快和经济全球化趋势的加强以及知识经济和网络信息技术的迅猛发展，纳税需求层次不断提高，传统的以税务机关为主导的纳税服务已经不能适应新形势下税收工作的需要。我们必须对既有的纳税服务进行重新的思考和定位，逐步确立以纳税需求为导向的纳税服务。

二、我国当前纳税需求工作的问题

近年来，税务机关在满足纳税人正当需求方面采取了很多措施，做了大量工作。但也应清醒地看到，随着形势的发展，纳税人对纳税服务的要求越来越高。有的同志还没有真正认识到纳税服务是税务部门的核心业务，更没有把纳税需求快速响应作为重要工作来抓。纳税需求快速响应方面还存在一些问题，主要有：

（一）对纳税需求重视不够

在有些人的思想中，征纳双方法律地位平等的基本理念尚未真正确立，部分税务干部包括少数领导对纳税服务促进税法遵从的认识还不到位，没有认识到做好纳税服务工作是我们的法定职责和必须履行的义务。有的人认为纳税服务是做表面文章，有的人担心纳税服务会削弱征管和执法。实际上，这些认识和担心都是因为没有彻底摒弃"以我为主、以执法者自居"的习惯性思维，没有真正实现从"管理型"向"服务型"的转变，因而在工作规划、制度安排、管理措施制定和日常征管活动中，仍然存在"重管理、轻服务"的现象。由于纳税人的平等主体地位没有得到应有的尊重，导致在面对纳税人的需求时，有的敷衍了事、有的漠不关心、有的心生厌烦、有的推诿塞责，这些都是对纳税服务需求不够重视的表现。

（二）对纳税人诉求渠道整合不够

应当说，现在纳税人诉求渠道很多，比如 12366 咨询服务热线、纳税辅导中心、税务网站、短信平台等。税务机关主动收集纳税人需求的方式也不少，比如上门走访、发放需求调查问卷、召开纳税人座谈会等。但所有这些渠道没有形成一个有机统一的整体，彼此沟通不畅、衔接不紧，基本上各行其是，导致纳税人需求信息得不到及时整合，咨询解答不一致、不准确的情况时有发生。

（三）以纳税人需求为导向的纳税服务不够

总的来看，现在纳税服务无论从形式上，还是从内容上都比以前有了长足的进步。但有些纳税服务举措却没有得到纳税人的理解和认可，重要的一个原因就是我们没有准确地把握纳税人的需求，以至于造成税务机关主动提供的纳税服务多，源自纳税人内在需求的纳税服务少。纳税需求可以有各种不同的分类，但不外乎三种情况：一是纳税人想了解的税收政策能够及时了解到；二是纳税人想办的事情能够迅速办成；三是纳税人的权益能够得到有效保护。目前，这三个方面都存在或多或少的问题。例如：没有更多地站在纳税人的角度来考虑纳税服务工作的思路和措施，而习惯从管理方便的角度考虑如何规避责任和风险；重管理、轻服务，重共性服务、轻个性服务，重权利、轻义务等现象都不同程度地存在；纳税人经常反映的办税环节复杂、资料重复报送等问题还没有得到根本改善；纳税人投诉也时有发生。

（四）纳税需求应对工作不够

做好纳税需求应对工作是满足纳税人正当需求的关键环节，而正是在这个环节，纳税人反映的问题还是比较多的。主要有以下几种情况：一是制度落实不到位。如首问负责制、政策解读日制度、表证单书管理制度等，这些直接应对纳税人需求的制度，有的单位没有落实到具体的岗位、具体的人。二是应对效率不高。这有客观方面的原因，但主观上也存在组织不力、相互推诿、个别人故意拖延甚至刁难纳税人的情况。三是应对技能不强。有的税务干部业务水平和沟通能力无法适应现在纳税服务工作的需要。四是协作意识欠缺。应对纳税需求有时候会涉及税收工作的不同部门、不同岗位、不同环节。有的单位部门、岗位、环节之间不能很好地配合，各自为政，导致纳税人"多次跑"、"多头找"，无所适从。

以上这些问题虽然是个别现象，但足以促使我们从更高的角度、更广的视野来审视我们的纳税服务工作。只有正视这些问题，加强分析，查找差距，才能加以改进和完善，从而促进纳税服务工作的整体水平不断提高。

三、建立完善纳税需求管理体系

（一）完善纳税需求征集工作

建立健全纳税需求征集渠道，完善和规范需求征集工作机制，是纳税需求管理工作链的基础。税务机关要建立多元化的需求征集渠道，组织落实多层次的需求调查工作，推动纳税需求征集工作的常态化、规范化，及时了解和掌握纳税人的涉税服务需求。

1. 建立健全纳税需求征集渠道

要在深入调查分析的基础上，进一步加强纳税需求调查和征集渠道建设，建立健全网络、电话、电子邮件、信函、面对面等纳税需求征集和调查渠道，并通过适当的方式及时向广大纳税人加以公布。要把纳税人涉税服务需求的征集工作与税收征管工作结合起来，贯穿到各部门、各税种、各环节的日常管理工作之中。行政、法规、征管以及各税种管理部门在履行纳税服务职责过程中，要切实把涉税服务需求征集工作作为重要工作内容。各级税源管理部门，要把需求征集工作作为税收管理员的份内职责，在下户核查、税法宣传、纳税辅导的同时，主动采集纳税人有关涉税服务的意见和建议，逐步形成多元化、多渠道、多途径的纳税人需求征集工作体系。

2. 丰富纳税需求征集方式方法

按照方便、实用原则，坚持内部调查与外部调查、定期调查与不定期调查、集中组织调查与随机抽样调查相结合。在具体征集方式上，既可以采取实地走访调查、召开座谈会听取意见、发放调查问卷、设置意见建议箱等方式，也可以采用互联网在线调查、QQ 群实时调查、电子邮件调查、电话调查等形式，以及委托第三方调查，包括专业咨询机构、协会商会组织、志愿者组织或者其他政府部门等，力求需求征集方式的多样化。

3. 建立纳税服务定点监测网络

税务机关按纳税人经济性质、企业规模、行业归属等指标，选取确定各层面有一定代表性的纳税人，作为纳税服务需求的固定"观测点"，组建定点监测网络。定期通过座谈会、问卷调查、实地走访等形式，开展纳税需求专项调查，从中分析、提取、挖掘纳税人的共性需求，跟踪调查税务机关的响应情况。同时，通过对不同时期调查结果的分析对比，发现纳税人需求变化趋势和走向，以进一步完善纳税服务措施，制定相应的服务策略。

4. 落实规范性文件征求纳税人意见工作

对于重要的税收政策和规范性文件，政策制定部门在文件制定过程中，要按照国家税务总局《税收规范性文件制定管理办法》的要求，按程序做好纳税人意见征求工作。对纳税人反馈的意见，要认真梳理分析，切实加以吸收完善，以提高税收文件制定的透明度和科学性。

5. 完善纳税需求征集相关工作制度

建立纳税需求征集归口管理，实施登记管理制度，各部门、各渠道征集到的纳税人涉税服务需求，统一由纳税服务部门归口管理、登记造册，并落实专人负责。要制定统一的纳税人需求采集表单格式，形成统一规范的征集工作流程，确保纳税人的诉求能够得到及时认真处理。

（二）切实加强纳税需求的分析与评估

深入分析评估纳税需求，发现挖掘纳税人的共性需求是加强纳税人需求管理的重要环节。税务机关对征集获取的纳税需求信息，要及时甄别、科学归类，按照轻重缓急、统筹兼顾的原则，有效地处理好纳税人的共性和个性化需求。

1. 规范纳税需求受理流程

纳税服务部门要对登记的纳税人涉税服务需求信息进行仔细阅读，对需求信息的完整性、明确性、优先程度等进行审查。对内容不完整的信息，应通过相关人员进行补充调查，或与调查征集对象直接沟通补充内容。对情况紧急的需求信息应及时报告部门负责人或分管领导，转有关职能部门限期解决并回复。对于所涉及的需求事项不属于本机关管理范围的，应及时上报上级税务机关或转交其他税务机关处理。

2. 加强纳税需求分析甄别

纳税服务部门应及时对纳税需求信息进行确认，根据纳税需求内容把有效需求分析归类为告知性、便利性、政策性等若干项。针对不同层次、不同类别的需求，提出不同的服务改进措施和对策建议。对告知性需求，要通过完善办税公开、培训辅导、事项提醒等方式加以改进；对便利性需求，重点通过简化办税流程、提高信息化程度、推进网上办税等方法加以解决；对于政策性需求，一方面要着力做好政策宣传、辅导、解释工作，另一方面要深入开展政策调研，就纳税人集中反映的政策问题积极向上建言建议。同时，要根据纳税需求的集中度和关注度，确定需求的优先程度，按照部门工作职责加以分解，有计划有步骤地提出解决方案，并加以落实。

3. 建立纳税需求评估会议制度

对重要的、涉及面广的、集中度高的共性需求，通过定期和不定期地召开评估会议进行评估。评估会议的规模和人员，根据纳税需求的涉及范围、处理难度而定，可以由纳税服务部门召集，也可以提请纳税服务领导小组或领导小组办公室集体研究。纳税需求评估会议要从纳税需求的轻重缓急、发展方向、成本效益等方面，重点评估纳税需求是否合法正当，纳税需求事项是否需要在短时间内得到响应，纳税需求是否符合税收管理和纳税服务的发展方向，纳税需求是否超越税务机关的现有资源和能力，以及社会影响、社会效益等内容，提出建设性的意见和建议，形成评估结论，明确需求处理的责任部门、办结时间等，报分管领导或纳税服务领导小组签署同意后，作为任务书转送有关部门处理，纳税服务部门负责跟踪监督。

（三）探索纳税需求的及时响应机制

及时响应纳税人需求是需求管理的核心内容。加强纳税需求响应机制建设是优化纳税服务，提高纳税遵从度的重点工作。税务机关要进一步强化责任意识和团队意识，树立一盘棋的思想，各部门、各环节通力合作，密切配合，最大限度地响应纳税人的正当需求。

1. 针对需求制定服务举措

纳税需求处理责任部门应根据需求的实际内容分别采取不同的应对措施。对本级税务部门可以解决的，由相关责任人提出具体举措交由分管领导或纳税服务领导小组商定，并在规定的时间内付诸实施；对于本级税务部门难以解决的，积极向上级纳税服务部门反映，列入上级部门纳税服务需求，由其统筹解决。

2. 加强服务措施跟踪测评

针对需求制定措施后，纳税服务部门应继续对具体举措的实施效果进行跟踪评估，通过电话回访、实地走访、问卷调查、第三方评价等途径，及时跟踪了解措施实施后纳税人的反响情况。对于服务措施未达到预期目标的，由原责任部门重新启动该项目的持续改进流程，找出服务措施未取得预期效果的原因，针对问题进一步研究制定后续措施。

3. 规范纳税需求反馈工作

要建立纳税需求反馈制度，对纳税人的需求事项，及时告知受理、落实情况，并加强日常沟通联系。对于共性需求的落实情况，税务机关应利用办税大厅宣传窗、国税网站、税企QQ群、税企例会等渠道，反馈、公告进展情况和落实情况。对于个性化服务需求及涉及商业秘密或个人隐私的需求，应利用书面告知、个别交流等形式向纳税人反馈需求落实情况。一时无法实现的纳税需求，应做好沟通和说明工作，取得纳税人的理解。

4. 建立纳税人满意度评价机制

通过纳税服务述评、办税服务厅满意评价系统、网上满意度评价通道、第三方满意度评价调查等，全面构建纳税人满意度评价机制，客观全面地反映纳税人对纳税服务工作特别是在满足纳税人需求方面的满意程度，为持续改进服务提供参考依据。

（四）落实纳税需求工作责任制

纳税服务是贯穿税收工作全过程的涉税服务。税务机关要按照构建"大服务"工作格局的要求，进一步明确各部门、各环节的纳税服务工作职责，根据各地工作实际制定具体的工作细则，并切实加以检查落实。要高度重视纳税需求管理工作，认真履行好本部门范围内的纳税服务需求征集、分析，以及服务举措的落实、考核等任务，从而形成纳税服务工作"局班子统一领导、纳税服务部门组织协调、相关部门各负其责相互配合、广大干部全员参与"的良性工作机制。纳税服务部门要切实承担好指导、组织、协调各部门、各税种、各环节纳税服务的工作职责，牵头对各相关部门履行需求调查分析、持续改进工作情况和纳税遵从度评价进行考核，以此推动纳税服务工作的全面发展。

四、基于纳税人需求为导向的纳税服务设想

（一）从纳税人根本需求出发，强化纳税服务理念

纳税人是市场经济的主体，是公共财富的创造者，他们希望得到全社会的尊重，享受到公平竞争的税收环境和优质高效的纳税服务。税务机关作为纳税服务的

供给方，一定要树立"以纳税人为本"的理念，强化"征纳双方是平等的法律地位"、"公正执法是最高层次的纳税服务"等现代税收理念。对纳税人的人性假设由"人性恶"转向尊重纳税人，视纳税人为顾客。认识到满足纳税人合理要求、保障纳税人合法权益是税务机关及税务人员的法定职责，不断加强对纳税服务工作的调研，从思想建设、理论建设、文化建设和法律制度建设等方面提升能力，把纳税服务工作作为一项事业，从优秀卓越再到基业常青。同时，加强教育培训，切实提高税务人员素质，提高为纳税人服务的能力。

（二）从纳税人实际需求出发，筹划纳税服务内容

纳税服务的目的就是为纳税人提供全面、规范、便捷、经济的服务。税务机关提供的服务中哪些措施、制度、办法最实际、最有效、最受纳税人欢迎，哪些还存在着不足，只有纳税人最清楚。因此，税务机关在筹划纳税服务内容时，建立和纳税人之间充分有效的沟通机制，应该采取如问卷调查、座谈会、个别征求意见等办法，加强纳税服务工作的调查研究，从纳税人来，到纳税人去，为纳税人设计适销对路的服务产品，了解纳税人最需要我们提供什么服务。对纳税人群体进行细分，针对不同特点的纳税人群体提供其所需要的服务。实现在法律框架内满足不同纳税人个体需求的目标。同时，纳税服务的内容也不是一成不变的，社会经济形势的发展变化，要求税务机关及时了解纳税人的变化信息，适时调整纳税服务方略。

（三）从征纳双方办税需要出发，优化纳税服务方式

近年来，各地税务机关在纳税服务实践中摸索出了很多很好的方式，如宣传服务、咨询服务、预约服务、延时服务、首问负责制、一站式服务、一窗式服务、定时定点服务、巡回服务、网上服务等，但也存在纳税服务专门机构及职责不明、个性化服务欠缺、法律救济服务难以到位、电子缴税后凭证难以取得等诸多问题。因此，税务机关要在继承中发展，根据征纳双方办税需要，以纳税人为中心，构建信息化服务网络，优化征管业务流程，完善纳税服务体系，积极探索为纳税人提供个性化、特色化的服务方式，使办税程序简易、方便，降低纳税人成本。

（四）从纳税人需要和可能出发，鼓励纳税服务信息化

目前，各地税务机关都高度重视信息化建设，金税工程、CTAIS、电子报税等应用软件多达40多个，为纳税人提供了方便、快捷、多功能的"智能化"纳税服务。但现阶段，全社会的信息化整体水平不高，制约了纳税人享受现代化服务的程度和范围。因此，一方面，税务部门要满足大多数纳税人的需求，不断改造计算机网络，提高网络速率，优化和整合 CTAIS 和金税工程等征管软件，尽可能拓展更便捷、更高效的现代化纳税服务领域，以适应社会发展的要求；另一方面，税务部门应从实际出发，保持部分传统的纳税服务方式，以照顾少数暂时没有能力接受现代信息服务的纳税人的需求。对于只能在电子信息支持下运行的服务项目，也应采取积极引导的方式，通过示范作用，使纳税人得到实惠、产生需求并自愿接受。

（五）从纳税人需要和可能出发，推进服务过程社会化

一是充分发挥税务代理的作用，把税务代理作为纳税服务的延伸加以鼓励和引导。二是逐步取得全社会的支持和配合，建立起一个全社会的纳税服务网络，更好地提高服务质量和效能，从而提高纳税人对税法的自觉遵从度，保证国家的税收权益。

总之，纳税人是税收征纳关系的主体，是纳税服务的对象，税务机关在筹划纳税服务时，不仅要考虑税务机关的"供给"，更要注重纳税人的"需求"，这样才能使纳税服务更贴近实际、贴近纳税人，才能促进征纳双方的良性互动，从而达到维护纳税人合法权益、提高税收征管效率的目标。

第三节　以纳税信用风险管理为基础

纳税信用是衡量经济主体信用的重要指标，健全的纳税信用体系能够向纳税信用信息的需求者提供所需要的经济主体的信用状况，减少交易的风险。税务机关可以针对不同纳税信用等级的纳税人采取不同的管理，进行有重点的监察，降低征税成本。构建纳税信用体系已是迫在眉睫的事，需要社会相关机构共同努力加快建设的进程。

一、对纳税信用内涵的认识

纳税信用是指纳税人在履行税务登记、纳税申报、税收缴纳、发票使用、财务会计核算等义务方面，依法按时足额纳税，自觉遵守国家制定的财税、财务法律法规，财务会计管理制度完备，会计资料齐全，信息披露及时真实，无其他不良行为记录。纳税信用要求纳税人合法地进行经济活动，客观、真实地记录经济活动，并保证会计核算的真实性，不做假账，以此为前提真实、全面地履行纳税义务。诚信纳税既要靠内在的养成又要靠外在的约束形成，内在养成应借助激励机制。

依法治税和纳税信用都是市场经济的必然要求，二者都是社会对税收工作提出的要求，但是它们在目标上一致，在内容上互补。

（一）纳税信用对税收征纳的要求高于依法治税

依法治税反映的是税务机关依法治"权"，依法治"内"；纳税信用反映了纳税人为消费公共产品应当给予国家的一种"税收价格"。依法治税强调的是法律至上，是对税务部门和税务人员的法律约束；纳税信用强调的是以信用为本，要依法、诚实缴纳税款，对纳税人是一种道德约束。纳税信用是对税收征管工作强调依法治税要求的补充和完善，纳税信用对税收征纳的要求高于依法治税。

（二）依法治税是实现纳税信用的前提和保障

要营造纳税信用的社会氛围，首先要创造公平的税收法治环境，没有良好的依

法治税环境就无从谈及纳税人的诚信税收行为。同时，纳税信用是依法治税的目标，通过依法治税，对不诚信征税的税务人员施以惩罚，使他们感到不诚信征税就要负相应的法律责任，让诚信的人更加诚信，不诚信的人变得诚信。倡导纳税信用并不排除依法制裁涉税违法犯罪行为，而是要让以身试法者得不偿失。

（三）纳税信用是依法治税的基础

从形式上看，依法治税与纳税信用二者的侧重点和角度不尽相同，但就其本质却是相同的，目标都是为了维护正常的税收秩序、市场经济秩序和纳税人的合法权益。二者相辅相成，忽视其中的任何一方面，都不可能达到税收征管工作最优化的目的。就依法治税的实体价值而言，既包括公正、平等原则，也包含着诚实守信的价值取向，纳税信用也是依法治税的根本要求。依法治税是实现纳税信用的必要条件和保证。

二、我国纳税信用的现状分析

就我国目前经济大环境来说，信用环境并不理想。从全国范围来看，2004 年，全国税务机关共检查纳税人 123 万户，查补收入（包括补税、罚款和加收滞纳金）367.6 亿元。全国县以上税务局的稽查局共立案查处各类涉税违法案件 52.3 万件，结案 52 万件；其中查处百万元以上偷骗税案件 3 360 件，查补税款 103 亿元。而当年全国税务机关共组织税收收入 251.78 亿元。查补税款总额占全年税收收入的1.46%，即税务机关每入库的 100 元税款里就有 1.46 元是通过查处涉税违法案件得到的。

导致这种状况的原因是复杂的、多方面的，既有纳税人思想意识的原因，国家法律的因素，也有社会的影响，同时还有着深刻的制度制约。

（一）纳税遵从意识差是纳税信用缺失的意识根源

1. 公民对税收的认知程度较差，漠视税法的严肃性

中国百姓由于受几千年封建帝王的统治，饱尝了"皇粮"、"国税"的横征暴敛，"厌税"情绪根深蒂固，成为传统文化中的不利因素。新中国成立后，我国长期处于计划经济体制下，整个社会和经济依靠行政命令运行，税收概念离国人较远，国民普遍缺乏纳税意识，纳税信用规范没有生存的土壤和环境。改革开放以来，经过几次税制改革，加之多年的税收法制宣传，公民纳税意识有所增强，但自觉依法纳税意识仍然较差。据中国经济景气监测中心 2004 年对北京、上海、广州700 余位居民的访问调查表明，51.6% 的受访居民承认只缴纳部分个人所得税或完全未缴纳个人所得税。这部分人中，13.8% 表示不知道税是怎么回事。

2. 纳税人与政府关系不尽协调导致前者的"厌税"情绪滋长

长期以来，我们对税收的阐述过分强调其强制性、无偿性和固定性，片面强调纳税人的义务和征税人的权力，对纳税人的权利及征税人的义务很少明确。这不仅

不能得到纳税人的认同，而且在相当程度上阻碍了纳税人在用税问题上的知情权，导致在纳税人监督缺位的情况下，征税和用税中的行为扭曲现象频繁发生，纳税人滋生逆反心理，使纳税义务的履行在大多数情况下成为非自觉的行为。

（二）法律制度的不完善给依法纳税造成困难

"法律必须被信仰，否则它将形同虚设"。没有对税法的认同和信仰，就不会有纳税人对税法的遵守和维护，也就不会实现依法治税。纳税人的纳税意识不高，在很大程度上就是因为纳税人对市场经济和税收法律所倡导的平等、自由、正义等主体价值缺乏普遍的认识，对税法规范的内在价值缺乏足够的认同，从而引致其对税法的异己感和外在感。造成这种状况的原因，一方面在于我国传统法律文化存在法律的泛道德化倾向，存在重公权利轻私权利，重刑法轻民法、重实体法轻程序法的习惯和做法，导致了民主、平等、正义等现代化精神的缺失；另一方面也在于税收立法过分追求数量、忽视质量，特别是没有充分反映纳税人的愿望、要求和期待；没有充分体现对纳税人的关怀；税收执法的随意性和执法不公、执法腐败，损害了税法的权威，践踏了税法的尊严，导致了纳税人对税法的冷漠和不信任。

（三）制度的不健全加剧了纳税信用的失衡

在市场经济价值的作用下，纳税人总是力求追逐自身利益的最大化。从博弈角度看，纳税人追求利润最大化导致其对纳税有一定的容忍度，如超过其承受能力则选择偷逃税。这对我国目前的税收制度、行政制度提出了挑战。而目前，我国确实存在以下现象：税务部门征管手段落后，纳税成本高，纳税人不愿纳税；税收控管程度不高，查处范围不广而使偷逃税者有可乘之机；税收法规不够规范、完善，客观上为各种偷逃税行为创造了条件；不规范的市场运行机制给偷逃税者以可乘之机；权力部门的寻租行为给偷逃税者提供了温床。这些问题都会在制度上给纳税人因追求自身利益最大化而选择偷逃税提供条件。

（四）社会信用大环境的不健全影响了纳税信用的健全，舆论宣传不力，助长了纳税人对偷逃税的道德选择

由于社会分工的日益细化，税务机关不可能独立完成监督工作，需要银行、金融、司法、海关等有关部门的支持与配合，而目前我国一些部门在配合方面做得还不够，无法形成完善的监督网络，使偷逃税者得到一定的机会。

三、提高我国纳税信用水平的对策研究

（一）更新工作思路，努力提高纳税人依法"诚信纳税"的意识

1. 进一步更新税收观念，明确、规范征纳双方的权利和义务

长期以来，颠倒纳税人的主体地位，漠视纳税人的权利，破坏了征纳双方关系的对等性，削弱了纳税人自觉纳税的意识。倡导政府与纳税人权利和义务的对等性，承认征纳双方是两个平等的主体，不仅要在宪法及相关税收法律中予以明确和

规范，而且要体现在税收观念的转变中。

2. 进一步转变观念，增强服务意识

协调征纳双方关系，营造良好的纳税环境，要把纳税服务作为税收工作的灵魂，努力打造服务型税务机关。把税收服务工作提到税收工作灵魂的高度，进一步明确税收征管工作的价值取向应当服务于经济发展，服务于纳税人，服务于全社会这一指导思想。

3. 加大税法宣传力度，提高公民依法"诚信纳税"意识

公民纳税意识的提高并非一蹴而就的，发达国家或地区都用了几十年的时间培养公民诚信纳税的意识。由于税收涉及千家万户的利益，所以税法宣传就应该形式多样、注重实效，让纳税人意识到诚信纳税关系到个人、企业的信誉和今后发展，提高纳税人对税法的遵从度。

（二）加快进度，完善诚信立法

重视建立以《税收征管法》为核心的税收法律体系，进一步建立健全纳税人的纳税服务法律体系、相关部门协作法律体系、纳税人法律救济体系，完善纳税信用立法，使税收信用管理纳入法制化轨道。逐步建立起税收信用评价、激励、监管和惩戒机制，形成合作、双赢、互动的新型征纳关系。

1. 从总体上完善税收法律体系

进一步加大税收立法力度，逐步提升税收立法的级次，规范清理税收法规，统一法律口径，树立税法的法律权威，提高税收立法信用；进一步强化依法治税，强化税收执法力度；强化税收司法公正，提高税收司法信用。

2. 建立健全纳税服务法律体系

随着全社会纳税意识的不断增强，纳税人对于维护自身权益的愿望日益强烈，对纳税服务的要求也越来越高，应当用法的形式把纳税服务的要求固定下来，取代当前各种临时性、形式主义的做法。使纳税服务真正从职业道德和思想政治工作范畴变为税务机关应尽的法律义务和法律行为，实现纳税服务的制度化。

3. 提供纳税人必要的法律救济途径

目前，我国已经出台了《行政复议法》、《行政诉讼法》、《国家赔偿法》等法律，税务部门也就以上各法在税务方面的应用相应制定了规则制度，旨在保障纳税人的权利。但这些法律救济途径并没有充分地发挥作用。纳税人对税收执法的公平、正义性的认可以及纳税人与税务机关之间良好的彼此信赖关系是最为宝贵的执法资源，在这一资源的形成过程中，法律救济制度的完善将发挥重要的作用。

（三）通过建立完善各项制度，提高纳税服务水平

1. 完善纳税服务机制，提高纳税人满意度

税务机关在依法行使征税权的同时，保护纳税人的合法权益，为纳税人提供优质的纳税服务，不仅是税务机关工作思路的转变，更能通过协调税务机关与纳税人的权利、义务，有效地促进纳税信用水平的提高。须切实建立一套从可行性分析、

决策、实施到效果评价、信息反馈、服务监督、业绩考评和责任追究的服务工作机制，推动纳税服务工作持续深入地开展。

2. 简化办税程序，创新纳税服务手段

我国多年的征管实践证明，办税程序的复杂程度与纳税成本之间存在着正比例关系，即办税程序越复杂，纳税人的纳税成本越高。要充分运用电子、通信等现代化科技手段改造税收管理，建立纳税服务网络系统，发挥网络互联、信息互通、资源共享优势，为纳税人提供方便、快捷、高效的纳税服务。建立规范的纳税信用等级制度和分类管理制度，强化制度约束，引导税收主体诚实守信。税务部门可以根据评估纳税情况发现的问题和线索，基于纳税评估的税务预警机制给予纳税人自我纠错的机会，使税务机关对纳税人的管理更加人性化。

3. 强化内外监督，规范税收执法

要严格落实执法责任制、案件审理制度和错案追究制，对税收执法进行全方位监督；在税务机关外部，强化纳税人的监督及人大代表、政协委员、新闻媒介、社会舆论的监督和评议，促使税收执法活动的规范化。

（四）密切合作，以纳税信用信息为基础，整合社会信用信息资源，完善社会监督

要规范税收信用行为，必须首先消除制约税收信用发展的消极因素，建立完善的纳税人信用数据库，消除信息不对称的状况。运用现代科技手段，加强信用信息资源的互联互通，整合信息资源、实现资源共享。同时，加强部门之间的协作与配合，强化监管，优化服务，提高效率，堵塞漏洞。通过税收信息运作，达到社会监督的目的。

第四章

纳税服务的优化路径

第一节 创新税法宣传

一、税收宣传工作概况

随着市场经济机制的建立，我国税收事业得到飞速发展，财政收入90%以上主要靠税收。面对国家经济的严峻形势，为了稳定大局，党中央、国务院对税务部门寄予厚望，税收任务十分繁重。而受长期的计划经济影响，人们对税收概念的认识极为模糊，纳税意识十分淡薄，税收工作面临重重困难。在这种形势下，要完成税收任务，必须从加强税收宣传、增强公民纳税意识入手。1992年2月24日，国家税务总局发出《关于开展"税收宣传月"活动的通知》，规定从1992年起，每年4月为"税收宣传月"。从1992年至今，税收宣传月已连续开展了20多年。每年，国家税务总局都结合当时的形势，确定不同的宣传主题、不同的指导思想、不同的宣传方法，突出不同的宣传重点。各地各级税务机关则围绕宣传月主题，结合各地的实际情况，展开历时月余、形式多样的税法宣传活动。

经过20多年的不懈努力，税收宣传工作已经取得了显著成效。广大人民群众充分认识到社会主义税收取之于民、用之于民的本质，税收工作进一步得到了全社会的理解和支持，公民纳税意识不断增强，纳税秩序逐渐改善，税收大幅增长，暴力抗税案件逐年下降，直至近年来基本消失。此外，通过宣传，税务部门的社会地位显著提高，税务干部为纳税人服务的自觉性明显增强，税务文明创建、廉政建设和税务文化建设得到全面发展。

但应看到，税收宣传工作仍存在许多问题和不足。比如，宣传内容层面化，特别是对税款使用情况的宣传尚属空白；宣传对象局部化，对各类企业组织和个体工商户宣传多，对各级党政机关、事业单位以及各级领导干部宣传少；宣传方式陈旧化，各地税收宣传形式化、模式化现象严重；宣传时效短期化，虽宣传月期间声势浩大，却忽视长期、持久性的宣传；宣传力量薄弱化，缺乏必要的法律约束和专职的宣传队伍以及宣传经费的保障等。

二、税收宣传工作的重要性与必要性

随着市场经济体制的逐步完善，税收法制逐步健全，纳税人对税收知识需求日益旺盛，税收宣传在税务工作中的作用越来越重要，常规化、制度化的税收宣传已成为必然要求。

（一）税收宣传是税务机关的义务和职责

《税收征管法》规定，税务机关应当广泛宣传税收法律、行政法规，普及纳税知识，无偿地为纳税人提供纳税咨询服务。这样，就以法律的形式规定了税务机关负有税收宣传的义务和职责。尤其目前我国税收立法的级次低，实施细则、补充规定等名目繁多，不利于纳税人掌握，所以需要税务机关做大量的宣传工作，弥补税收立法的不足。

（二）税收宣传是推进依法治税的必然要求

依法治税是税收工作的灵魂，普及全民税收法律知识、提高全民纳税意识是依法治税的有效手段和重要内容之一，同时也是全民特别是纳税人获取税法知识的主要途径。纳税人通过税收宣传了解到更多的税法知识，不但可以加深对税收的认识，反过来也能更好地监督税务人员的执法情况，提高税务人员执法的透明度。因此，税收宣传工作在整个税收管理工作中处于重要地位。

（三）税收宣传是密切征纳关系的客观需要

税收宣传工作贯穿整个税收管理工作的始终，税务机关以纳税人所需为第一工作理念，通过上门送税法、网络送税法、无偿提供纳税咨询服务、赠送税法宣传资料等形式，将税法宣传寓于服务、管理之中。内容丰富多彩、形式灵活多样的税收宣传工作必将赢得纳税人的理解和配合，进一步密切征纳关系，成为连接收税人与纳税人之间感情的桥梁、构建和谐社会的纽带。

（四）税收宣传是提高征管质效的有效途径

随着税收宣传工作卓有成效地开展，不仅提高了全民特别是纳税人的税收法律意识，也提高了纳税人对税法的尊重感和遵从度，这好比给纳税人铺出一条诚信纳税的道路，纳税人顺着这条路走，就避免和减少了因不懂法、不知法而违法或故意犯法现象的发生，税务人员在执法过程中再不会因为纳税人不懂法而一而再、再而三地进行思想沟通和劝导，降低了纳税人对税法的抵抗情绪，从而避免税款流失和税收风险的发生，促进组织税收收入工作的顺利开展，提高了税收征管的质量和效率。

（五）税收宣传是提高干部素质的有力措施

普及公民税法知识，提高纳税人税法意识，提高纳税人的税法遵从度，其前提条件是必须要求税务干部自身有过硬的素质，这就要求税务干部在日常的生活和工作中养成坚持学习的习惯，不断丰富自己的理论知识和办案经验，激发税务干部学习的兴趣，促使他们更好地完善自我，提高自我，因为只有这样才能更好地服务纳税人，回答和解决纳税人遇到的一些实际困难。同时在宣传工作实践中，税务干部对业务知识的理解将大大加深，这也将提高其理论知识和实际操作能力。应当指出的是，纳税人法律意识的提高也必将对税务干部的行政执法行为产生有力的外部监督，促使税务人员在税收管理中规范执法、严格执法、公平执法，这对增加执法的透明度、提高税务人员的工作能力和业务素质、提升税务机关的社会形象是十分必要的。

三、新形势下创新税收宣传工作的思考

税收是社会的神经，税法是法中之法。随着经济社会的迅速发展和法治化进程的不断加快，如何通过强化工作创新，增强税收宣传的生机和活力，已成为当前开展税收宣传工作应当重点解决的问题。

（一）创新工作理念，着力培养纳税人对法律的信仰

美国著名法学家伯尔曼有句名言："法律必须被信仰，否则它形同虚设。"税收宣传的功能和目的不仅仅是税法知识的传播，而且还是法治理念的渗透和法治文化的渗入，更重要的在于法律信仰的建立。

1. 树立宣传与服务相结合、以人为本位的理念

一直以来，税务机关只重视"我们说什么"，而不关心"纳税人想听什么"。纳税人需要的是能和自己产生共鸣的宣传，纳税人对于税收宣传的内容需求不尽相同，如果内容与纳税人的实际需求脱节，纵使形式再新、声势再大，也是枉然。正确的宣传应该是服务，即根据不同层次的纳税人和社会各界的需求差异，提供相应的服务。纳税人有及时充分地获取税收信息的需求；有政策咨询、办税程序、答疑解惑的需求；有知晓纳税人权利的需求等。这些需求和马斯洛的需求理论一样，也是层层递进的。因此，税收宣传要改变"撒网式"的上街咨询、散发宣传单等传统宣传形式，从关怀的角度出发，根据纳税人个体情况和需求差异，从复杂的税法体系中梳理出适合的部分，提供个性化、专业化、人性化的辅导。如可提供按行业分类的电话咨询、对不同行业进行深度辅导、将有遵从意愿但不熟悉税法的纳税人作为重点辅导对象、对新办企业和新办税员做好纳税辅导等。

2. 树立动静法治（制）相结合、以动态法治为主的理念

法制是法律制度的统称，法治是一种治国理念和方式。加强税收宣传不仅是让纳税人知道税收法律的内容，最终的目的是要让纳税人从实践法律的体验中增强法律意识，树立法治精神。所以，税务机关在税收宣传中不仅要宣传静态的税收"法制"，更要宣传动态的税收"法治"。如与纳税人利益密切相关的规范性文件的制定、征纳纠纷的排解等可通过合适途径引导和指导纳税人代表积极参与，其效果

远远胜过百次空洞的说教。要大力宣传税收法治思想、税收程序制度、税收法律权威，通过各种税法知识、税收文化、税收法治信息、税收法治观念的交替传播和共同作用，增强纳税人的法律意识和民主意识，逐步实现纳税人法律素质的提高、法律信仰的塑造。

3. 树立权利义务相统一、以权利为本位的理念

我国长期以来在税收宣传上过度强调纳税是公民的义务，忽略了其权利人的身份。《中国青年报》关于"近几年来，您作为纳税人的感觉"的民意调查结果显示，高达83.4%的纳税人"感觉'亏'，只履行义务没行使权利"。税收"取之于民，用之于民"，但具体怎么用纳税人无从知晓，这是很多纳税人不情愿依法纳税的心结所在。我国目前的税制是以政府为主的理念建立的，只有让纳税人充分意识到自己纳税并没亏，而是从政府那里享受到了公共产品和公共服务，才能信赖政府，从而才能够自觉自愿纳税。在美国，税务机关在每年免费发放的100多种税收宣传手册中，都会附有美国前一财政年度的联邦收入和支出的详细说明。值得学习借鉴的是，2008年，北京市地税局首创在寄出的纳税人完税证明上，显示该局各项税费收入特别是个人所得税的详细说明及税收用途概况，这可以说是我国在纳税人权利保护上迈出的一大步。所以，税收宣传要逐步将纳税人权利义务落实到具体数据上，让纳税人充分意识到自己作为纳税人所享有的基本权利，进而增强自觉纳税的意识。

（二）创新工作形式，切实提高税收宣传的针对性

随着税收宣传工作的深入推进和纳税人法律需求的不断高涨，税收宣传内容呈现出快速扩充丰富之势，这必然要求与之相适应的税收宣传形式不断丰富和变化。

1. 突出科技手段，创新税收宣传的形式载体

随着信息技术的发展，短信、网络等多媒体成为人们生活不可或缺的部分，从一个方面提示我们必须抓住和运用网络的力量向社会公众施以税收的影响。快捷便利的现代信息技术，可以进一步增强税收宣传的广度和深度。如，通过"网送税法"、热线咨询、纳税人自行搜索等方式开展网络税收宣传；同时，要继续加强税务网站和政府信息公开网的建设与维护，增加动态信息更新数量，增强互动性和及时性；对相关税收法律法规和政策分门别类地进行归纳整理，便于纳税人上网查阅学习；通过栏目和内容及时更新，不断充实网站功能，突出宣传特色，把网站建设成为辐射面广、时效性强的税法宣传平台，加强征纳双方的即时交流；采取汇编税收宣传电子书、开通税务博客、制作税收屏保和税收宣传 FLASH 动漫等方式，拓展税收宣传新路子，大力提高税收宣传工作的科技含量，促进宣传工作的高效开展。

2. 突出日常宣传，建立税收宣传的长效机制

除了利用税收宣传月进行大规模的集中宣传营造氛围外，税收宣传更需潜移默化和点滴渗透，因而更要注重日常宣传教育。在美国，纳税宣传方面的资料可以在任何地方的税务部门免费索取，只要报出资料编号就可以，这使得纳税人随时随地都能掌握税收信息，而不仅仅只是在某一个特定的"宣传期"内。纳税意识的提

高仅靠一时一地大张旗鼓的宣传活动是远远不够的，而应该是一个多管齐下、不断完善的过程。税收宣传是一项长期而艰巨的工作，不能局限在每年的宣传月中突击搞、重点搞，要像抓税收收入一样做到常抓不懈，让依法诚信纳税的意识深入人心。要建立税收宣传的工作责任机制、考核机制、激励机制，使税收宣传的持续、稳定投入得到根本保证。要确保宣传经费的支出，把宣传经费作为重要业务支出项目，纳入年度预算，专款专用。另外要进一步加强税收宣传工作队伍建设，一支素质过硬的税收宣传队伍是做好税收宣传工作的根本保证。

3. 突出学校宣传，建立税收宣传长期规划

纳税意识的转变需要长期的过程决定了税收宣传工作也必然是一个长期渐进的过程，作为国家税务总局或者省级税务机关，应就税收宣传工作制定出一个长期的系统的宣传远景规划，与每年的宣传计划相衔接，按照分步实施、循序渐进的工作方针，逐步推进。而从娃娃抓起，突出学校宣传应是长期规划非常重要的环节。国外非常重视通过各种方法加强对未来纳税人的税收宣传，从小培养自觉守法纳税的观念。在美国的 12 年义务教育中，纳税义务的教育是每个学生都要接受的。通过在中学八年级开办《美国的税收史》课程、高中阶段开办理解税收课程，对即将毕业的中学生开办"你和税收"教育课程的讲解，使每一位公民走进社会后就能熟练自如地办理各种纳税事宜。而在我国，中小学的税收教育一般只是在税收宣传月时，找一两所学校上上课，并没有真正普及和持之以恒。国家税务总局或省级税务机关应与教育部门联系，编写分别适合于中小学生的税法宣传教材，将其纳入教学内容，成为公民素质教育的一项重要内容。还可以开发一些税务小游戏，通过税务外网向社会公开；通过电视儿童节目黄金时段播放一些儿童做税务游戏的节目；免费向中小学生赠送印有税务标志封面和税务漫画插页的适合做各门功课作业的本子等，使依法纳税意识从小就渗入中小学生的思想中。

（三）创新工作内容，切实增强税收宣传的渗透性

税法只有根植于广大纳税人当中，才会真正具有生命力。在税收宣传内容上，要围绕热点、难点和疑点问题，突出税收文化建设，因地制宜，因势利导，切实增强税收宣传的效果，确保其影响力和长期效应。

1. 围绕纳税人关心的热点问题进行宣传

近几年，国家陆续出台了一系列涉及民生的税收政策，如年所得 12 万元以上个人所得税自行申报、两法合并、二手房税收政策、个人所得税法修订等，成为纳税人和社会各界普遍关注的问题。因此，税务部门在宣传时要分清轻重缓急，把宣传重点和资源倾向关系到纳税人切身利益的重要税收政策的宣传上。

2. 围绕纳税人关注的焦点问题进行宣传

税务部门查处的涉税大要案无疑是纳税人普遍关心的焦点问题之一。但受繁杂的社会关系网络牵绊，各地税务部门此项工作不同程度存在遮遮掩掩，犹抱琵琶半遮面的情况。违法必究是有法必依的基本要求，对税收违法行为的责任追究除刑

事、行政责任追究外，利用媒体曝光对纳税人形成的震慑与刑、罚异曲同工，尤其是其所起到的社会影响将使税务部门正面疏导纳税人依法纳税更具约束力和严肃性。所以，税务部门要定期将案件查处情况以新闻发布会、新闻稿件、公告栏或宣传材料的形式向社会广而告之。

3. 围绕纳税人关注的疑点问题进行宣传

目前一些社会舆论中对一些税收问题的认识比较混乱，包括对税收收入增长的快慢、税收负担的轻重、纳税成本的高低等都有诸多模糊甚至负面的理解。这就需要税务部门进一步加强涉税舆情调查，认真分析研究各种舆论产生的背景和原因，牢牢把握正确的税收舆论导向，营造良好的税收舆论氛围，防范和化解可能遇到的"信任危机"。对纳税人在生产经营中遇到的各种税收政策疑难问题，税务机关也要及时进行税法宣传和培训，提高税法遵从度。

4. 突出税收法治文化建设的宣传

没有良好的法治文化，就不会形成现代法治意识。要积极探索税收法治与税收文化的结合途径，把税收法治文化引入税收宣传的各个环节之中。将税务文化理念和治税思想融入到税收宣传活动中，同时还可以提高群众参与税收宣传的积极性，提高受众面。例如：出台相关推进税收法治文化建设的行动计划，培养纳税人对税收法律发自内心的尊敬，形成法治文化和法律观念的现代化；以文化为载体，深入社区、农村、企业开展形式多样的群众性法治文化活动；开辟税法教育基地，开设税务博览馆等。

（四）创新工作机制，不断增强税收宣传的实效性

当前，应不断整合社会资源，充分调动社会各界的积极性，举全区域之力，形成各级积极参与、优势互补、有序运行的税收宣传工作互动、协动和联动机制，将税收宣传从部门行为上升为政府行为，纳入政府普法宣传的范畴，构建以各级政府法制机构为主导、税务机关为主体、各有关部门和媒体支持配合的社会化宣传格局，提高税收宣传合力。

1. 强化税企之间的互动

建立税企之间有效的互动机制，不仅使税务部门的服务更加具体实用，纳税人能够与税务部门平等交流，消除许多信息不对称问题，也利于税务机关为纳税人主动提供政策咨询、办税辅导等纳税服务，也便于让纳税人说出对税收工作的真实想法，对税收管理在主动参与、大胆监督的同时，也给予税收更多的理解和支持。而且税务机关在与纳税人互动过程中展现出良好的形象和素质，会带来纳税人对整个政府机关信任度及满意度的上升，进而对税务机关表现出支持肯定的回报，从而形成一个良性的循环过程。国外很多国家通过与税务代理机构、工商联、企业家协会（或联谊会）、行业联合会等组织团体进行合作，定期对纳税人特别是企业主进行税法培训，召开税务研讨会，并解决税务疑问。目前，各地税务机关应从建立规范的纳税人组织，搭建沟通交流的桥梁入手，丰富税企互动的

形式和手段，如税企文化交流、税务约谈、预约服务等来融洽税企关系，营造良好的税收法治环境。

2. 强化政府部门之间的协动

各级税务机关应定期向地方政府汇报工作，每年有步骤地提请政府表彰一批诚信纳税企业，联合各级基层政府开展税收宣传活动，改变税务部门"单枪匹马"搞税宣的尴尬境地，形成地方党政积极参与、共同协作的治税环境。还要加强与当地的工商、金融、公安等部门的联系，在强化税收征管质量的基础上，携手搞好税收宣传工作，维护税法的权威和尊严。

3. 强化内部之间的联动

应当把税收宣传置于整个税收工作通盘考量，把税收宣传贯穿于税收管理、税收执法、税收服务的全过程，形成齐抓共管的工作机制。上级税务部门要加强对整体性大型税收宣传活动的指导与牵头工作，充分利用好上级组织分配的各类税宣资源。同级地税部门和国税部门要加强交流合作，实现优势互补，利用有限的资源形成最大的税宣合力与效应。

第二节　加快纳税服务平台建设

一、完善办税服务厅标准化建设

（一）概论

办税服务厅作为税务机关向纳税人提供纳税服务的重要平台和载体将不再是一个简单的窗口，从完善服务机制、拓宽服务渠道、提高服务效率、打造服务品牌等方面实施办税服务厅的标准化建设，符合逐步创建和确立适应经济社会可持续发展的税收征管模式的需要。

1. 研究背景

国家税务总局提出全面加强办税服务厅建设，继续推行"一窗式"、"一站式"服务以及全程服务、提醒服务、预约服务、限时办理等多种服务方式，随着税收征管体制和模式改革的深入，办税服务厅已经成为基层税务机关的业务衔接中心，纳税服务中心是展现税务机关和税务人员形象的重要窗口。加强办税服务厅标准化建设，有利于规范税务机关依法征税、依法管理的行为，达到依法、公平、文明服务，提高综合管理水平。

随着税收法治观念的普遍增强，纳税人的纳税服务需求呈多样化趋势，交汇在办税服务厅的问题和矛盾日趋增多。加强办税服务厅的标准化建设，有利于和谐征纳关系的建设，有利于促进纳税人自觉主动依法纳税，不断提高税法遵从度。

2. 办税服务厅标准化建设研究的现实意义

（1）办税服务厅标准化建设是坚持科学发展和以人为本的具体体现，也是进一步转变职能、构建服务型税务机关的重要手段。

（2）办税服务厅标准化建设是优化纳税服务、构建和谐征纳关系的重要举措。办税服务厅是面向纳税人的窗口，是纳税服务的重要平台，也是征纳关系和谐的出发点，其建设得如何，直接影响到办税工作效率和纳税服务质量，以及征纳双方的税法遵从度。

（3）办税服务厅标准化建设是提高征管质量、加强税务部门自身建设的必然要求。办税服务厅涵盖着税收征管工作的起点和终点，承担着税收征收、管理的各项基础性工作，而办税程序繁琐，措施不够先进、环境不够优化等，都影响着办税服务厅的高效运转和职能的充分发挥。实施办税服务厅标准化建设是税务机关提高征管质量和效率的客观需要，有助于更好地发挥办税服务厅的职能作用，树立税务部门的良好形象。

（4）办税服务厅标准化建设是税务部门践行"政务公开"承诺的重要途径。办税服务厅作为税务机关实行政务公开的主要平台和服务载体，健全其标准化建设对完善整个纳税服务网络体系、拓展政务公开的方式具有积极有效的作用。

（二）办税服务厅标准化建设的含义

1. 标准化建设的概念

建立标准化的办税服务厅，是指要统一设立规范的办税服务厅工作体系，统一办税服务厅内务管理标准、业务流程和窗口设置标准，从而达到工作内容标准化、制度管理统一化、形象建设一致化。具体包括：

（1）功能设定标准化。对办税服务厅进行适当的功能拓展，把其地位、作用、工作要求进行明确的界定，同时进行功能具体分解和设定。

（2）职责定位标准化。对办税服务厅的职能定位、工作内容等按照环节或管理对象的不同特质进行细分，明确各环节之间的连接和相互控制关系，做到职能定位的准确、全面、细化。

（3）纳税服务标准化。要求优化办税程序，提高纳税服务效率，规范税务行政审批，严守承诺，接受监督，做到硬件投入和软件投入并重。

（4）形象建设标准化。将办税服务厅从硬件设施到软件建设、精神文明建设等方面内容细化为若干指标，按指标内容逐项考核。

（5）目标考核标准化。建立从目标到行为直至结果的全面考核体系，通过推行工作绩效考核及奖励标准方法，把干部的业绩与对单位的贡献程度对应起来，加大奖惩力度，鼓励创新。

2. 标准化建设的目标

按照办税服务厅标准化建设的内容，实现以下标准化建设的目标：

（1）功能齐全。要科学设置窗口，力求办税窗口多能化，又能利用现代信息技术，力求同城办税网络化。

（2）服务完善。要做到纳税前实行提醒服务，纳税中实行过程服务，纳税后实行沟通服务，不断提高总体服务水平。

（3）成本节约。既要减少纳税人时间成本，通过搭建多元化纳税服务平台节约其办税时间，又要减少遵从成本，正确引导纳税人办理各涉税事项，避免纳税人因办税流程不熟导致纳税事宜出错受罚现象的发生。

（4）程序便捷。要按照人性化要求合理放宽受理标准，简化审批程序，减少审批环节，加快内部流转速度，为纳税人办理涉税事宜开通一条快捷、方便、规范、高效的税收服务"绿色通道"。

（三）办税服务厅标准化建设的指导思想及基本原则

1. 指导思想

开展办税服务厅标准化建设，要以构建和谐税收环境为出发点，以纳税人合理需求为导向，以提高纳税服务质量和办税效率为目标，进一步改善服务环境，完善服务内容，优化服务手段，健全服务制度，全面提升税务系统纳税服务水平；要以人为本，把为纳税人服务作为税收工作的基本指导思想和根本职责要求；要务求实效，通过标准化建设，力争使税收征管质量和纳税服务水平不断提高，纳税人及社会满意度明显提升，办税服务厅工作人员服务意识进一步增强，税务部门地位和形象有新的改善。

2. 基本原则

开展办税服务厅标准化建设，要遵循以下基本原则：

（1）优质服务原则。要求在办税服务厅的布局、设计、服务机制及服务的内容、范围、方式上要坚持以纳税人方便快捷办理涉税事宜为准则来开展办税服务厅标准化建设。

（2）规范统一原则。严格按统一的标准开展工作，讲究质量，保证实效，确保各项工作顺利实施。办税服务厅工作流程、时限和标准需要统筹规划、统一部署、规范开展。

（3）效率优先原则。要运用现代信息技术手段，简化办税程序，简并报送资料，改进工作作风，提高工作效能，最大限度地降低征纳双方的税收成本。

（4）经济适用原则。办税服务厅及其设施配置应当充分考虑地理位置、户管数量等因素，因地制宜，以能够满足广大纳税人的服务需求，方便、舒适办税为原则，坚持实事求是、量力而行。

（四）办税服务厅标准化建设的内容

根据现代办税服务厅标准化建设的要求，完善办税服务厅标准化建设主要包括以下四个方面的内容：

1. 设置办税服务厅功能区域

根据工作职责和服务事项，本着方便、快捷的原则，统一窗口类别、职责和具体承办的工作事项，现阶段办税服务厅应按功能及业务需求整合为四个区：

（1）涉税事项受理区。主要受理纳税人上门申报纳税、发票管理和综合服务。

根据涉税业务，其岗位分为综合服务岗、发票管理岗、申报纳税岗，分别对应综合服务、发票管理和申报纳税三类窗口。每类窗口可根据日常业务量，兼顾专业分工和效率原则，设置一个或多个子窗口。窗口的设置要引入流动窗口的理念，根据不同时期工作量的大小，灵活调整各类窗口的数量。

（2）纳税人自助办税区。纳税人自助办税区是指由税务机关提供必要的硬件设施，使纳税人在紧急状态下，不再受时空限制，轻松自如，通过自行操作来完成相关涉税事项的办理和查询工作。

（3）政务公开区。政务公开区应以公告栏、电子显示屏、触摸屏、资料架等形式，及时向纳税人进行税收政策宣传，公示涉税事项服务的主体、依据、条件、标准、结果等内容，确保各类税收政策准确、及时落实。

（4）便民服务区。便民服务区是由税务机关通过提供预约、电话及上门服务等服务方式，为纳税人完成办税事宜无偿提供涉税辅助和延伸服务。

2. 办税服务厅工作要求及设置规范

（1）办税服务厅工作人员基本素质要求。对办税服务厅工作人员的素质要求可以简单概括为：秉公执法，清正廉洁；着装上岗，挂牌服务；语言文明，举止端庄；精通业务，办事高效；刻苦钻研，爱岗敬业。

（2）办税服务厅的基础设施配置。办税服务厅整体要本着简朴、实用、庄重、整齐、清洁的原则来布置。统一命名窗口标示牌、岗位标识牌；统一设置值班台；统一涉税事项受理区、自助服务区、政务公开区、便民服务区以及工作人员休息室的设置。

3. 办税服务厅的业务衔接

按照精简、高效的原则，统一办税服务厅的业务流程。

（1）即办事项。对纳税人申请属即办涉税事项的，窗口人员应当场办结。

（2）涉税审批事项。对纳税人申请属涉税审批事项的，按照"窗口受理、后台复核、内部传递、限时办理、窗口出件"的程序办理，切实提高工作效率。

（3）审批与流转。压缩管理层级和工作环节，减少综合业务科审核、主管领导批准等环节。

（4）规范办税服务厅对外使用税务文书用印。

（5）规范文书资料流转与管理。

（五）办税服务厅标准化建设的配套制度

为切实加强管理，明确职责，协调配合，确保办税服务厅各项工作规范有序，不断提高纳税服务质量和水平，应当建立健全以下几项管理制度：

1. 领导值班制度

建立办税服务厅领导接待日制度，方便接待纳税人以及社会各界人士，倾听各类意见和建议，接受各类咨询，受理各类举报、投诉等，及时协调处理各种问题。

2. 限时服务承诺制度

办税服务厅应按照法律、法规及有关文件规定的时限，办理税收政策咨询辅导和各项涉税事项。对于涉税事项中的即办事项，符合办理条件的，当场办结；对涉税审批事项和行政许可事项严格按照办结时限操作。

3. 延时服务承诺制度

为切实帮助纳税人完成相关涉税事项的办理，办税服务厅应当设置延时服务措施。延时服务期间，窗口工作人员应当遵守服务承诺，耐心、细致地给予处理。

4. 首问责任制度

纳税人以及社会各界人士到办税服务厅办理涉税事宜，或拨打办税服务厅办公电话，首先找到的工作人员即为首问责任人。首问责任人必须热情接待来访人员，认真听取反映情况，准确了解其办税需求，并及时受理或引导其办理相关涉税事宜。

5. 办税公开制度

办税服务厅应当按照国家税务总局关于公开办税制度的相关规定，从公开内容、公开形式、公开程序等方面深入推进办税公开，增强税收执法的透明度。

6. 质量监督与考评制度

建立合理有效的岗责体系、诚实守信的服务质量考评方法、实时监控的执法纪律监督办法以及切实可行的工作责任追究方法，将各岗位的工作进度、质量纳入目标管理考核体系，考核触角延伸到每个窗口、每个环节。

7. 工作人员轮岗及培训制度

实行人员定期轮岗及培训制度，进一步提高办税服务厅人员素质，充分调动大家工作积极性，培养和提高税务机关整体服务意识。

8. 税务文化建设制度

加强税务文化建设，通过各类税务文化活动增强办税服务厅工作人员的凝聚力，弘扬正气，振奋精神，激发活力，从整体上提升办税服务厅的软实力。

9. 安全保卫制度

办税服务厅在非工作时间应安排专人值班，安装防盗设备，保证税收票证、发票、设备及财产安全；配备灭火器等应急设施，做好安全及防范工作。

办税服务厅标准化建设是税收征管改革的一次新的尝试，是探索建立现代纳税服务体系、完善现代税收征管模式的重要内容，是深化纳税服务的一次质的飞跃，对实现纳税服务工作质量和水平的整体提高、促进税收事业的和谐健康发展具有积极的作用。

（六）办税服务厅的发展定位

1. 外部职能——为纳税人提供标准化的办税窗口服务和丰富的延伸平台服务

（1）办税服务厅为纳税人提供标准化窗口服务的必要性。标准化是指在经济技术、科学及管理等社会实践中，对重复性事物和概念，通过制定、实施标准达到统一，以获得满意秩序和社会效益的过程。简单地讲，就是在一定范围内制定发布标准、贯彻实施标准并进行监督检查。办税服务同其他服务一样，是一种过程、行动和表现，并且服务是由不同的人互动而产生的一系列行为——办税，而不是实物，不能像有形商品那样可以看清、感觉或触摸到。由于这种无形性，纳税人很难识别和把握办税服务的质量；办税人员和纳税人的差异，决定了服务的异质性，纳税人及税务机关本身对提供服务的质量都很难达到理想的预期。因此，办税服务厅非常有必要通过确定一系列清晰、简洁、可观测和现实可行的服务标准，减少质量信息的双方不对称，使纳税人可以根据公开的纳税服务标准对服务质量有一个合理的预期，保证服务质量的稳定性。尤其在办税服务厅人员服务意识薄弱的现状下，服务的标准化能使服务人员遵循共同的行为标准，使管理简单明晰，减少环节，提高质量，从而实现从感性管理到理性管理的转变。这不仅意味着规范的管理、周到的服务，同时还能明确服务过程中的责任和义务，建立责任事故问责体系。

提供标准化的办税服务，不仅可以保证服务质量，还能够克服绩效考核困难的问题。在标准化的平台下，依托信息化系统对同类工作进行量化记录、分析和考核（此处量化为满意率等），对关键绩效量化指标进行考核，可以真实衡量办税服务人员岗位职责履行情况和岗位绩效。根据绩效考核结果对服务人员进行合理激励，可以有效地提高服务意识和服务水平，提升服务质量和服务效率，进而推动办税服务厅的规范化建设。另外，依托标准化办税服务，将公众对于公务员提供服务、处理问题等的满意度纳入公共部门以及公务员的考核制度中去，能够促使办税人员切实转变"官"念、将为人民服务作为自己一切工作的出发点，自觉将工作动力与公共服务紧密联系起来。

（2）办税服务厅为纳税人提供标准化窗口服务的可能性。提供标准化的办税服务，就是指办税服务厅通过规范化的管理制度、统一的技术标准和服务岗位上的工作项目、程序与预定目标的设计和培训，向纳税人提供统一的、可追溯的和可检验的办税服务。

纳税人对税务机关的服务要求是简便、高效、热情，纳税人的办税需求在办税服务厅的受理层面没有明显的个性化区分。办税服务厅的工作从根本上说没有太多的自主性和创造性，反而是具有简单重复性和机械操作性的各种工作流程，属于程序层面的工作。办税服务人员基本不具有执法的"自由裁量权"，只要按照规章办事、按照流程操作就可以顺利地完成服务工作。同时，"办税服务"作为办税服务厅的部门产品和税务部门的阶段产品形态，具有终端性和可见性。因此，税务机关完全可以统一服务标准、规范服务流程和管理制度，并将这些标准公示发布、贯彻实施并对其进行监督检查。

标准化的办税服务就是要求服务职能标准化、服务窗口标准化、服务流程标准化、服务制度标准化、服务管理标准化、服务考评标准化。所以要从以下几个方面去努力：首先，可以设置统一的办税服务厅建设标准，统一的布局和设计，分别设立咨询服务区、资料取阅区、取表填单区、办税服务区、自助办税区、办税等候区等不同功能区域；其次，办税服务区域内统一窗口设置，根据工作职责和服务事项，本着方便、快捷的原则，统一办税服务厅的窗口类别、职责和具体承办的工作事项，并通过工作分析为每个岗位制定职位说明书；再次，服务管理标准化，规范统一办税服务厅承办的全部业务事项的处理流程和要求；最后，规范统一办税服务厅各种办税指南的种类、具体内容、书面格式、字体、颜色等。向社会公开办税程序、涉税事项，主要包括税收法律法规公开、岗位责任公开、办税程序公开、服务标准公开、办税时限公开、违章处罚公开、工作纪律公开等内容。其中，服务管理标准化可以从仪容仪表、接人待物、卫生考勤、服务质量、办税技能等方面进行细化量化，使工作有标准、服务有规范、考核有依据。例如，要求办税服务厅工作人员必须着装上岗、挂牌服务、讲普通话和使用文明礼貌用语；要求服务人员有问必答、解释详细、耐心辅导，甚至可以规定回复问题、办理事项的具体时限等。工作流程标准化要保证纳税人办理的各类涉税事项在办税服务厅相应的窗口按照涉税申请一窗受理、资料内部流转、及时办结、结果一窗出具的模式完成，切实提高办税服务质量和效率，为纳税人提供文明、优质、高效的办税服务。

标准化办税指南的目的在于公开社会监督，接受社会各界监督，引导多元主体参与服务人员的绩效评估，扩大评估的群众参与面，增强评估的民主性和透明性。主要形式是：在窗口安装与信息系统联机的服务评价器；向社会公开举报受理部门和举报电话；聘请行风监察员，定期听取他们的意见；努力打造整洁规范、方便快捷的办税环境。

（3）办税服务厅为纳税人提供丰富的延伸平台服务。如前所述，信息化建设是税收领域的一场深刻变革，就办税服务厅而言，最直接的效用就是服务手段的改进：对现有的征管软件进行整合，充分发挥计算机的作用，推行多元化申报，延伸服务网络，全面推行网络、电话、邮寄申报、金融网点申报等申报方式，扩大纳税人对申报方式的选择空间。相应的，办税服务厅的服务平台也在不断延伸（如网络信息的后台处理、自助办税区的网络平台、邮寄申报的接收办理等），提供越来越丰富的多元化平台服务。

不可否认，信息化的发展减轻了办税服务厅的工作总量。但为了提高纳税人的办税能力和水平，办税服务厅应不断强化其政策宣传和政策咨询的对外职能。首先，办税服务厅应努力搭建纳税服务宣传平台。大厅要积极利用各种宣传媒介，特别是加强与当地广播电视中心和报刊杂志等新闻媒介的联系，开展税法宣传，并印制《税收宣传手册》和各种即时资料置于大厅的资料取阅区，以动静结合的方式将税法送进千家万户，使纳税人及时便捷地了解税务信息，获知税收新政。同时，服务厅应积极打造纳税服务辅导平台，定期或不定期地举办税法培训班，定期更新办税服务大厅电子触摸屏和资料取阅区的内容，构筑纳税人学习税法的自助平台。办税服务厅应成为纳税人碰到办税疑问时的第一对象，而不是遇事就推托给税收管理员。强化纳税服务咨询专区的服务，积极耐心地解答纳税人的政策及办税事项咨询，把问题解决在纳税一线，真正做纳税人的免费"税收顾问"。

2. 内部职能——与税收管理员形成辅助制衡机制

办税服务厅与税收管理员不同，对纳税人不负有直接的管理责任。二者承担的是分属政策面和程序面的办税工作，并且互不隶属、互不管理、相对独立。

针对税收管理员工作量和难度成倍增长、工作压力大的现状，办税服务厅可以借助先进的税收管理信息系统，适当辅助完成甚至独立承担上级交给专管员的各种"非计划性任务"（诸如12万元以上收入者个人所得税申报、税源普查、专项检查、纳税信誉等级评定等），减轻税收管理员的工作压力。

事实上，强化办税服务厅的政策宣传和政策咨询功能的外部职能，也能够在一定程度上分担税收管理员的工作量。同时，作为独立的服务系统，办税服务厅以其导税职能大大提高税收征管政策和行为的开放度和透明度，打破税收管理员对管理对象的"信息垄断"地位，推进了税收管理员执法行为的法治化、规范化和透明化。

有效的预防和监督是规范税收管理员执法行为的有力保障。办税服务厅在行使对外职能时，要树立全程服务的观念，除了做好"事前"告知、提醒和"事中"受理、承办等服务外，还应该做好"事后"的追踪、培训、税收援助等服务，以形成一条尽善尽美的"服务链"。这样做的好处之一是可以加强对税源管理部门的业务督导，能够对传递到税源管理部门需要调查、核实的业务及时督办，并有效控制税收管理员可能出现的执法随意性。

办税服务厅是面向纳税人受理其各项涉税事宜的第一站，应使之成为立足纳税人权益，为纳税人说话的窗口，真正做到以纳税人为中心。可以在服务厅拓宽公众投诉、举报的渠道，通过社会公众的巨大力量加强对税收管理员的监督。对于纳税人的反馈、投诉和举报，也要以标准化的流程进行受理，保证公众的声音真正得到回应。

（七）优化办税服务厅纳税服务

近年来，办税服务厅在不断优化纳税服务，但也存在着仍需改进之处：一是服务型税收的理念需要进一步转变，纳税服务的质量还需进一步提高；二是纳税服务程序需要进一步简化，服务效率有待进一步提高；三是纳税服务手段还要进一步丰富和完善，来满足纳税人个性化的服务需求；四是税收宣传工作的实效需要进一步提升；五是税务干部的创新意识、业务水平与新形势税收工作的要求相比还有差距；六是纳税服务的考核标准还要与时俱进，要与服务内容的变化相适应。

办税服务厅作为服务纳税人最直接的窗口，应在如何优化纳税服务上狠下工夫：

1. 服务观念要创新化

随着经济社会的发展，纳税服务需求和形势发生了新的变化，我们要积极关注和把握这种新变化，积极转变工作理念，改进工作方式，争取工作主动。

（1）从态度尊重型服务向办事效率型服务转变。过去的征纳关系主要是一种监管与被监管的关系，纳税人最大的需求就是得到税务部门的"笑脸相迎"和"以礼相待"。随着税收征管改革的深入推进，涉税事项越来越多，纳税人将办事效率摆在了第一位。办税服务厅在积极适应这种变化，进一步创新管理方式、优化办事流程、全面推行"一站式"服务，大力推广多元化申报方式，将纳税服务由态度优先向效率优先转变。

（2）从遵守听从型服务向知情规范型服务转变。近年来，纳税人对依法规范税务执法行为、保障自身合法权益的呼声越来越高。办税服务厅应加大政务公开力度，确保每个工作流程都有标准、有程序、有时限，提高执法透明度。

（3）从部门封闭型服务向开放比较型服务转变。随着经济的发展，办税服务厅已经形成了一种开放比较的服务竞争态势。要有"前有标兵、后有追兵、不进则退"的危机意识，虚心向同行、向企业学习，积极开展个性化、多样化、参与式服务，形成比较优势。

（4）从自我衡量型服务向社会评价型服务转变。随着社会监督、舆论监督、公民监督等方式的普及，公共服务质量评价主体已由政府为主转向以社会为主。办税服务厅引入独立于征纳双方之外的第三方评价机制，采取问卷调查、定期回访纳税人等形式开展评价与监督，为改进工作方法，提高服务的针对性和主动性，提供更公正的客观数据。

2. 服务方式要人性化

将办税方便快捷与个性化服务、维护纳税人权益等工作结合起来，促使纳税服务不断优化。

（1）合理进行窗口设置，推行"一窗式"管理、"一站式"服务。如南京地税从 2007 年 4 月起，在办税服务厅试行发票管理、综合服务两类窗口设置，在巩固"两类窗口"基础上探索"一类窗口"建设，做到小窗口实现大服务，进一步优化办税服务。

（2）整合资源，强化联合办税。加强国、地税协作，联合办理税务登记、联合开展税法宣传、联合评定纳税信用等级、联合开展个体税收征管和税务检查等，节省税收成本，方便纳税人。同时要积极争取政府其他部门的支持，进一步加强与财政、工商、房产、银行等部门的协作与配合，积极利用部门间的相关信息，整合服务资源，形成服务合力。

（3）简化办税流程，提高服务效率。简并优化办税手续和统筹工作安排，尽快解决纳税人多头找、多头跑和税务机关重复找纳税人的问题。对纳税人办理涉税事项所需资料，实行"一次性"告知；对资料齐全的涉税事项，予以"一次性"办结；对能够即时办结的涉税事项，予以即时办结；对不能够即时办结的涉税事项，实行全程服务并限时办结。进一步简化办税环节，优化办税流程，规范涉税文书，不增设纳税人非法定义务。解决纳税人重复报送资料的问题，对已存入征管信息系统的各种基础信息，不得要求纳税人在办理涉税事项时重复提供有关证件的复印件。

（4）加强需求分析，创新服务方式。通过日常受理纳税咨询、开展办税辅导、问卷调查、纳税人座谈等多种途径，及时了解纳税人办税过程中遇到的困难和问题，加强对纳税人关心的税收热点、难点问题的收集、整理和研究。应根据不同的服务对象，合理规划纳税服务制度、服务项目、服务方式及程序，积极适应不同纳税人对纳税服务的不同需要，提供有针对性的服务，才能让纳税人得到真正需要的纳税服务，才能有助于提升纳税人对纳税服务的满意度。如南京地税开展的节假日预约服务、短信温馨提醒、QQ纳税服务群等，都是切实可行的良好方式。

3. 服务手段要多元化

以提高税法遵从度和方便纳税人为目标，积极探索信息技术在税务领域的应用，采用多元化的服务手段，进一步拓展纳税服务的深度和广度，加强和改进纳税服务。

（1）申报手段多元化。除了常规的邮寄申报、上门申报、电话申报等方式外，还要充分利用信息技术，大力发展网上申报。因为纳税人办理最多的是纳税申报事项，而纳税申报方式对纳税人的纳税成本有着十分重要的影响，这样既有助于防止和解决办税服务厅排队和拥挤问题，又使纳税人足不出户就能办理纳税申报。同时，要完善好后续服务，如根据纳税人需要适时举办办税人员培训班，发放《企业办税人员培训材料》以及《网上申报操作图解辅导材料》等宣传材料，提高纳税人对涉税事项的知晓率和掌握程度。南京地税栖霞分局在这方面进行了积极的探索，有了比较好的经验。他们将"网上办税"所有相关工作集于征收所一身，实现一条龙服务，大大加快了网上申报的发展进度，网上申报率达到99%以上。要积极探索个体工商户的网上申报方式，要让更多的纳税人享受到税收信息化带给他们的方便、快捷。

（2）缴款手段多元化。采用现金、支票、银行卡、电子结算、委托银行代收等多种方法，以充分利用现代金融支付结算手段方便纳税人缴纳税款和工本费。

（3）培训手段多元化。根据不同的纳税人需求，可通过大小班、点对点培训，在办税服务厅设立纳税人辅导站、上门辅导等多种培训方式，编印《办税服务指南》、《税收热点问题集》等辅导资料，发放给纳税人，帮助他们及时掌握税法知识、最新的税收政策，熟悉办税程序，提高服务的针对性和实效性。

（4）网络办税多元化。建立健全网上办税工作机制，加强税务网站建设，逐步实现各类涉税事项在网上办理，积极探索税收业务"同城通办"的模式，为纳税人提供更加方便、快捷的税收服务，减轻纳税人办税负担，提高办税效率，节省纳税成本。

4. 服务宣传要多维化

税收宣传是纳税服务的重要内容，在巩固办税服务厅、12366税收热线、报刊税务专版、各类税收宣传资料等传统宣传阵地基础上，再抓好以下四点：

（1）税务机关应结合自身实际，大胆创新税收宣传的新形式、新载体。利用税务网站、电视、电台专栏、税收文化教育基地、短信、电子邮件、QQ群、博客、播客、宣传资料进社区、进超市、进学校等形式和载体来对外宣传。

（2）积极尝试市场化运作税收宣传模式。尝试与企业合作，引进长期宣传发展模式，整合资源，集优势及力量于一体，进行强强联合，占领强势导向地位，开发出税收宣传的新形式。

（3）以部门为单位成立新闻信息宣传小组，着重加强人才培养和税收宣传。

（4）税务干部要树立人人讲税法、事事讲宣传、人人都是宣传员的意识。

做好以上几点，就会形成综合互动的大宣传、多维化格局，就能提升税收宣传效果，提高税法的社会遵从度。

5. 服务人员要专业化

随着社会的发展、科技的进步，纳税人对税务工作者的要求越来越高，如何为纳税人提供优质高效的服务，人是关键因素。税务干部队伍的思想政治素质、专业技能素质、作风能力状况和行风税纪建设的好坏，决定着纳税服务质量的优劣。

（1）要充分挖掘现有人力资源潜力，创造公开、平等、竞争的用人环境，按照人员的能力和素质配置好岗位，建立一套干部能上能下、能进能出、充满生机和活力的管理模式。

（2）要全面提升干部队伍综合素质，加强干部政治素质和职业道德修养，强化为纳税人服务的意识。同时加强干部队伍专业知识和创新能力的培养，把工作重点放到对复合型人才的培养上，实现从一般性知识培训到整体性人才资源开发的转变，造就一支政治过硬、业务熟练、作风优良、执法公正、服务规范的税务干部队伍。

（3）还有一支不可忽视的队伍，即辅助用工队伍，他们的服务水平的高低，也直接影响着税务机关的形象。因此，在这方面一定要加强管理和培养。南京地税栖霞分局在这方面有着成功的经验：他们建立并完善了《辅助用工人员管理规定》，对辅助用工的报酬、考勤、工作纪律、工作质量等方面做出明确规定，明确考核标准，按月记载考核情况，并与薪酬挂钩，加强监督管理；坚持每周学习制和工作讲评制，增强辅助用工人员的工作责任感，促进更好地完成本职工作；深入细致地做好辅助用工人员的思想工作，在工作上帮助人、生活上关心人、情感上鼓舞人，促使辅助用工人员以积极的姿态服务纳税人。

6. 服务考核要标准化

纳税服务质量的优劣，不能单纯以纳税人的满意度为标准，也不能以税务部门自身的感觉为尺度。衡量纳税服务质量优劣的标准应该是多方面的、全方位的，因为不同的服务项目有不同的考核标准，我们应该将这些不同的标准有机地结合在一起，形成一个纳税服务质量考核指标体系，客观、全面地反映税务部门纳税服务质量的真实水平。要制定科学可行的考核指标和方法，增强考核指标的体系性、科学性。在评价纳税服务绩效和质量时，应综合考虑信息沟通的及时性、各种纳税事宜的满意度、执法规范度等考核指标，同时对纳税服务从立场、手段、结果等方面进行科学、客观、全面的评价。如南京地税栖霞分局的《执法服务风险警示试行办法》，在对税收执法服务事项进行详细分析的基础上，将执法服务事项分为 A、B、C、D 共四个风险预警区，对不同的风险等级借鉴 ISO 体系的"纠正与预防措施"，采取全局通报、局部调整、个别纠正等不同的措施，同时对所有的预警情况执行预防措施；严格政策执行，强化执法监督，定期组织执法检查，实行人机考核相结合，定期考核与社会评议相结合，定期考核与日常考核相结合，内部考核与社会评议相结合，加强执法服务责任制考核与内审、业务复查和绩效考核同步的联动机制，确保责任到人、措施到位、奖勤罚懒、奖优惩劣。

二、优化纳税服务热线

自 2001 年国家批准以 12366 作为税务机关特服号码至今，已届十余年，12366 热线初创并取得较大发展，各地 12366 热线普遍建立，架起了纳税人与税务机关之间互动的"连心桥"，丰富了纳税服务的手段，成为税务机关的形象代表和服务品牌。本节从回顾 12366 服务热线的发展历程入手，思考存在问题和发展路径，对热线的发展提出了一些初步意见和建议。

（一）12366 热线发展历程简要回顾与经验思考

12366 热线设立至 2010 年间，服务平台建立、专业人员配备、服务质量保证等极不均衡，也未实现全国统一部署，这一时期主要特征是：

1. 未建立统一的 12366 热线制度体系

这一时期主要是没有形成较为成熟完整、适应热线服务发展需求与形势发展要求的包含热线筹备与建立、平台运行、知识库、规范语音服务标准、质量管理、标识口号系统（服务标识及宣传语 2005 年发布）、指南发布、形象公关、人员选聘、情况通报、考核评价等在内的一揽子制度系统，各地 12366 热线发展极不均衡，既有全省统一的 12366 热线系统，也有省内各单位自筹自建自管的热线系统，并囿于至今尚未全面统一的办税流程，咨询回复口径各地各异。至 2010 年甘肃省国税局筹建完备的呼叫中心和远程坐席前，甘肃国税的情况是"有热线无系统"，各单位虽实现了人工接听和自动语音服务，但普遍没有相应的 12366 热线管理系统，服务记录评价、细化考核、统计分析等无从实现，热线发展零散、缓慢，基本特征是没有实现平台运行、统一管理、规范答复、考核评价，服务层次低，影响小，12366 热线作用没有完全发挥。

2. 12366 热线在纳税服务框架中的地位和作用没有完全凸显

2001 年前后，互联网在国内刚刚兴起，电子政府服务尚付阙如，非接触纳税服务咨询绝大多数以电话语音为主，这一阶段，12366 热线面临难得的发展机遇，但囿于对纳税服务地位认识尚未深化、全国性服务网络筹备管理经验缺乏、税务系统工作重点及力量主要集中于金税工程建设与防范高发易发涉税违法犯罪方面，客观上造成了 12366 发展相对滞后，认识水平低，起步水平低，服务水平低，服务影响小。其后，互联网在国内发展迅速，政府部门亦全面进入互联网服务领域，并以其信息量大的优势，逐步成为非接触服务主渠道，经过十余年的发展，政府互联网服务已逐步趋于成熟，在整个非接触服务结构中逐步趋于主导地位，对传统语音服务模式产生某种"挤出"效应，但 12366 热线系统语音互动的优势仍未丧失，其亲和力、准确度、互动性、反馈性仍是互联网服务无法取代，或无法根本取代的，仍有极好的发展前景。

（二）目前改进 12366 纳税服务热线的建议

从 2010 年起，国家税务总局在全国部署统一平台、统一咨询口径、统一标识形象、统一人员配备、国地税联建联管的 12366 服务热线迎来了难得的发展机遇。为更好地宣传 12366 热线，发挥好、巩固住热线在纳税服务框架中的作用，在实现热线科学、跨越发展的同时实现与其他服务系统的均衡协调发展，以 12366 热线质量、效率提升影响、带动整个纳税服务系统和水平提升，建议在以下方面进行改进：

1. 以 12366 作为全国性税务网站地址特号

通过互联网宣传提升 12366 热线的知名度、影响力，更加方便国内外用户网站搜索，提升 12366 在网络用户以至广大社会受众中的影响力，以"12366"统领、标识涉税服务，树立税务系统服务品牌，并以 12366 网站为龙头，应用对象服务的理念，对全国性税务互联网站进行大幅改进和优化，以此实现非接触服务系统的均衡协调发展和相互促进提升。要将 12366 热线和网站作为非接触服务的两大骨干，在现有热线、网站、短信"三网合一"模式基础上，以热线发展促进网站智能化、语音化、交互式功能发展，以网站发展提升热线影响力，如通过网站实现 12366 热线网络拨打和通话，并在实现语音通话的同时，提供文字交流功能。

2. 丰富 12366 服务产品

在已经实现 12366 人工咨询和语音咨询的基础上，开发新的 12366 服务产品，在咨询投诉功能之外，延伸开发若干税务实质处理功能，全面提升用户体验，可探索 12366 热线在纳税申报、发票服务、涉税查询、绩效考核方面新的应用，如通过 12366 用户身份验证提示后，可进行简易申报处理和实现网络发票电子信息下发，也可实现涉税信息查询，如某纳税人历史纳税数据的自助语音查询，实现除 12366 短信服务质量评价功能外，在纳税人涉税事宜办理完毕或应办理时限截止前，通过生产系统与 12366 热线短信系统的互联关系，发送提升和警示短信。为更好地体现 12366 热线公共服务资源的性质，应实现热线免费拨打使用和全周运行。热线能否更好地发展和应用，关键在于 12366 能够提供的服务产品的质量、数量、效率，服务产品与质量是 12366 热线的生命线和核心竞争力，因此，应在规范纳税咨询、投诉等基础上，解放思想、科学创新，务实思考，优先、重点发展对外服务的同时，考虑内部延伸应用，在税务实质处理、涉税查询、提醒、内部辅助管理及查询等方面开发新的应用和功能，用更加丰富的服务内容、更加先进的服务技术提升服务品质和内涵，提升形象，扩大影响。

3. 保证 12366 人员素质与福利

各地 12366 岗位人员，既有公务员身份的正式职工，也有招聘的社会人员。建立一批符合 12366 热线工作要求的人员队伍，保证 12366 热线从业人员素质，是 12366 热线成功运行的关键。应通过政府公务员考试系统专项招考 12366 从业人员，保证 12366 热线人员学历、知识结构与储备方面的基本素质。同时，应从发展福利和薪酬福利两个方面，保证 12366 岗位人员拥有和其他岗位人员基本均等的机会和待遇，如引进 12366 人员分级制，通过综合评价定级，实行动态管理，适度提升高水平咨询人员岗位待遇和薪酬，适当拉开岗位薪酬差距，同时，为保证 12366 热线岗位人员队伍基本稳定，不频繁进行岗位轮换。此外，鉴于 12366 热线工作压力大，服务标准高，易产生精神疲劳等的特点，对社会招聘人员，应保证其福利待遇与当地税务部门公务员基本持平，若差距过大，不利于充分调动这部分岗位人员的工作积极性。

（三）建设"三级三网联动"模式 12366 服务热线的思考

目前，国家税务总局已确定"全国统一、两级集中、远程坐席"为我国 12366 纳税服务热线建设模式，如何筹划好、管理好、运行好"三级"及热线、网络、短信"三网"联动的热线系统，我们建议：

1. "全国统一"的服务中心应侧重对全国性企业集团和外国纳税人、涉外税务的咨询服务

应按照近期召开的全国税收征管和科技工作会议确定的实行专业化管理及各级税务机关都要承担税收征管和纳税服务职责的精神，依托全国性税源管理机构信息，建立全国性企业集团服务咨询机制，除进行日常咨询外，对全国性企业集团的特殊服务需求及重大税务处理事项协同管理机构进行会商、研究，限期答复，研究发布专业、专项、专门纳税指南。12366 热线全国中心应集中部分高级税务咨询管理人员和专家学者，除承担咨询、投诉职责，发布纳税咨询热点外，应开展全国性纳税服务发展与税收政策研究，为相关部门提供政策建议和工作支持。另外，为适应外国纳税人外语服务需求及涉外税务处理服务需求，适应各地外语服务力量薄弱等情况，建议通过 12366 热线全国中心集中提供英语及其他大语种服务，提供涉外税务处理纳税咨询服务，通过省级集中的 12366 热线提出外语服务需求和涉外税务、出口退税服务需求的，视情况接转至全国中心统一答复。

2. 省级 12366 呼叫（服务）中心在实现基本咨询和投诉受理功能之外，建议着重发展分析、预测、风险提示、服务回访、绩效考核等功能

应根据掌握的咨询服务信息，对省内纳税服务咨询重点、热点、动态进行总结，对可能的涉税风险进行提示，并定期向主管部门和辖内各级机关进行包括本省纳税服务热点在内的情况通报，提醒、督促主管部门和机关制定相应对策，并实行限办制和督办制，为实现此目的，应从制度上保证省级 12366 热线中心具有相对独立的制度制定及考核落实权，并对机构层级进行适度优化，以切实发挥省级 12366 热线中心在服务舆情检测、服务动态收集、服务风险防范、服务质量控制、涉税风险预警、纳税服务考核等方面的独特作用，整体提升省级 12366 热线服务中心工作质效和水平。

3. 省内远程坐席（呼叫分中心）在完成省中心下派的咨询项目外，建议重点发展现场咨询受理功能

对纳税人现场咨询项目，如办税服务厅等窗口部门及基层税务机关无法准确答复的，或涉及多个部门及机构的，或属于重大复杂涉税咨询的，可由 12366 热线进行现场受理并视情况进行后续处理，将 12366 远程坐席建设成重大疑难税务咨询接入窗口。为实现此目的，远程坐席建设应在场地、人员、制度等方面进行充实，确保现场咨询能够及时受理、准确办结、优质高效，并尽量安排拥有一定工作经验的专职坐席，专门进行话务受理及现场咨询服务。远程坐席设置应充分考虑纳税人咨询需求渠道畅通的要求，尽量设在靠近办税服务厅等纳税人较为集中的地方，并以明显标识指引，以方便纳税人进行现场咨询。

4. 加快 12366 热线"三网合一"发展步伐

目前，12366 热线、网络、短信"三网合一"建设已经成为各级税务机关及相关岗位人员共识，正确处理三个系统发展关系，实现准确定位，协调发展，就显得尤为重要。应大力发展三者之间在服务方式和服务领域的融合和信息共享，在热线与各业务系统挂接、实现业务在线处理基础上，实现"热线网络化、网络语音化、短信人性化"，即纳税服务热线制度体系、服务概况、咨询流程及要点、咨询回复热点、咨询服务案例、优秀服务人才公示、服务形象展示与推广、专门制作的 12366 热线流程动漫和实景实况视频资料等实现通过总局或省局税务部门互联网站建立和传播；纳税人通过互联网站可直接进行语音通信和文字交流服务，提升服务咨询效率和用户体验。为更好实现网络和热线融合，建议开发专门"12366 网络语音通信系统"，加挂在总局及省级税务机关外网，提供网络语音入口、语音呼叫、语音回放、文字交流等功能，并提供服务流程动漫和图示供咨询人使用；丰富 12366 短信系统服务领域，除开通服务评价功能外，实现纳税人咨询回复要点的短信发送，在语音咨询完毕后，将回复要点自动发送至咨询人手机或纳税人税务登记邮箱（使用 12366 专用邮箱），在纳税人涉税事宜办结前后，进行提醒和通知服务。

5. 实现省级《办税业务规程（试行）》与 12366 系统的软件对接

在纳税服务咨询中，政策和程序各居其半，现有总局"知识库"虽提供办税

事宜的基本程序及资料要求，但对具体环节、环节时限、资料份数等没有具体说明。应适应服务形势发展需要，实现全国范围的办税程序规范和统一，在时限、资料、环节等方面进行细化和明确，在整体实现纳税服务标准化发展的基础上，为热线咨询提供更加明确的回复依据，提高咨询成功率，有效避免因细节不清造成的重复咨询、无效咨询、咨询接转等问题。建议在如期实现全省推行《办税业务规程（试行）》、统一办税程序的基础上，研究实现《办税业务规程（试行）》与12366系统的软件对接，整体提升12366热线咨询服务效果。

三、规范税务网站建设

税务网站是政府网站的重要组成部分，是税务部门推行政务公开的重要渠道、开展税法宣传的重要载体、服务纳税人的重要平台、展示税务部门形象的重要窗口。因此，网站建设要让纳税人知情，为纳税人服务，与纳税人交流，让社会公众来分享税务网站带来的便利。

（一）着重于税务网站体系的建设

税务机关要按照税收信息化建设一体化要求，加强税务网站与内部办公网和金税工程各个子系统的有效衔接，按照省级集中的方式进行网站建设，规范网站域名、标识、中英文名称、栏目名称等，实行分级管理和维护，逐步形成"外网受理、内网办理、外网反馈"的一体化应用模式。

（二）着重于纳税人关注的信息

首先，税务网站的信息发布应注重依法纳税的宣传，提高政策法规的透明度，这样才能不断增强纳税人的知法、守法意识。其次，发布的信息要具有实用性，例如常用表单、最新法律法规、优惠政策、税务动态等纳税人可以直接到网上查看下载。再次，发布的信息要注重时效性，只有将最新的政策、公告、动态等及时发布，纳税人才能及时掌握，才能调整纳税行为，也才能真正维护纳税人的切身利益。

（三）着重于网上办税功能的完善

税务机关在不断推行新的申报方式、缴款方式的同时，应不断加强网上的纳税服务工作，税务网站要逐步实现税务登记、网上申报、网上缴税、网上认证、网上购票、网上打票、网上审批等功能，这样才能最终实现整个办税流程在网上的一体化。

（四）着重于与纳税人的信息互动

税务网站建设的最终目的主要是为纳税人服务，因而税务网站建设要着重于与纳税人信息互动水平的提高。要提高纳税人的积极性必须处处为纳税人考虑，网站中的每个栏目都要是为纳税人设计的，从而不断增强纳税人的参与意识，如开设局长信箱、免费电子邮件、投诉举报等交互栏目，同时要有创造性地设计一些特色栏目，免费为纳税人提供政策提醒、纳税提醒等服务，从而不断强化为纳税人服务的及时性和交互性。

（五）着重于纳税人操作的便捷性

加强税务网站建设的一个重要目的就是创新服务的方式，提高纳税人办税的便捷性，因而税务网站要能实现随时跟踪纳税人在网上的动态，及时给予应答和提醒，减少纳税人在网上"逛"的时间，节约纳税人的纳税成本。同时在栏目设置中要给予必要的操作流程解释，以方便纳税人的操作，从而不断营造和谐的税企关系。

（六）着重于制定严密的安全防卫措施

税务网站建设要建立健全安全管理工作制度，加强安全防范管理，要运用先进的技术手段，不断提高网站系统的安全系数，要完善并落实严谨的安全预警机制，提高应急处理能力。

第三节　强化信息化支撑

目前全国税务机关只是在其税务综合网站上开辟几个栏目（如纳税指南、税法宣传）进行服务，服务体系不够系统全面，针对性也不强。而且，全国税务机关没有统一规范的专门纳税服务网站，没有特定的纳税服务网站域名，没有统一的网页风格和栏目设置，操作上还处于"孤军深入"的境地，"信息孤岛"现象较为严重。纳税人最需要、最关切的是如何通过税收信息化建设来满足网上申报、网上咨询、网上投诉等需要，而税务部门更多的是期望利用信息化硬件和软件的改造升级来强化税务管理，二者关注重点的不同导致了税务管理与纳税服务之间的关系失衡。

根据国家税务总局推进纳税服务工作的总体要求和纳税服务中长期规划，我国将着力构建"以法制化为前提，以纳税人为中心，以信息化为依托，以降本提效为原则，为满足纳税人的合法需求提供全过程、全方位高效便捷的服务，使纳税人的合法权益得到充分尊重和保障，提高全社会税法遵从度，构建和谐税收征纳关系"的纳税服务体系。基于此，税收信息化条件下纳税服务体系的构建，应是一个贯穿于税收征收、管理全过程的综合服务体系，而不是局限于纳税人上门纳税的环节。具体而言，纳税前，为纳税人提供公告、查询、咨询、提醒、自我评估的服务，提高纳税人依法履行纳税义务的能力；纳税中，为纳税人创造条件以使纳税人能够更方便、更准确地办理税务登记、纳税申报、缴纳税款等各项涉税事项；纳税后，为纳税人投诉举报、争议仲裁、损害赔偿提供方便和快捷的渠道。该纳税服务体系的内容应以现代计算机信息技术和网络技术为依托，申请专用域名，建立专业的纳税服务网站。按照税收业务流程来设计搭建纳税服务的网络平台，这个平台应设计为征纳双方互动交流的网络平台，是一个无地理和时间障碍的纳税服务大厅，双方以自由开放的形式在这个平台上寻找信息、履行义务、提供服务、得到帮助、评价监督。

该平台应站在全国税务系统的高度，从国、地税联合建立和数据大集中的角度，从为纳税人提供优质服务的层面上统一考虑，设计风格一致，首页版面一样，栏目名称、栏目位置相同。平台分为国家税务总局和各省局两级，省局平台的使用范围覆盖全省税务系统，内容上要增加税收程序服务系统（可以按照市局、县局下设子系统），其他的功能与国家税务总局平台的功能一样。

根据国家税务总局《"十二五"时期纳税服务工作发展规划》的规定，应相应构建税收信息化条件下纳税服务体系的四大模块，每个模块内含若干子系统模块，具体如下：

一、税收信息服务系统

本系统的目的在于宣传普及税法，提高纳税人依法履行纳税义务的能力。具体包括：

（一）公告子系统

公告内容主要有：最新税收法律、法规和政策；管理服务规范；税务检查程序；税务违法处罚标准；税务干部廉洁自律有关规定；受理纳税人投诉部门和监督举报电话；税务人员违反规定的责任追究；税务行政许可项目和非许可行政审批项目；税务行政收费标准；纳税信用等级评定的程序、标准；实行定期定额征收的纳税人税额核定情况等。

（二）查询子系统

该子系统为一切有效的税收法规库。由国家税务总局统一建立，各省可以根据当地的具体情况，建立适用于本地区具有地方特点的法规专栏，便于本地纳税人查询使用。通过该子系统，使出台的每一项税收法规政策和管理办法能够直接到达基层第一线，减少中间层次对信息滞留和对政策理解的偏差，保证各级税务机关政策执行和政策解释的规范和统一。

（三）网上在线咨询子系统

充分利用网络技术不受时间、空间限制的特点，在网上开设在线咨询栏目，直接和纳税人进行实时的沟通交流，减少纳税人的电话咨询和往返税务机关面对面的咨询，降低纳税成本。同时对纳税人咨询的税收热点、重点和难点问题进行收集、研究，及时将重大问题报告上级税务机关，以支持决策部门进一步优化税制、完善税政，实现广义的纳税服务——为纳税人的根本利益或者公共利益服务。

（四）提醒服务子系统

这是指在纳税人履行税收法律义务之前，提醒纳税人及时办理涉税事项的服务。内容主要有：催报催缴、停歇业到期提醒、征收期延期、申报纳税提醒、违章处罚、换证、验证、税收公告、发票中奖、发票换版、重大政策变动等。目的在于通过人性化的纳税服务，体现税务机关对纳税人合法权益的尊重，减少纳税人被处罚的机会，减轻税务机关的工作阻力。

（五）纳税评估预警子系统

设置本子系统的目的在于通过税务机关提供的一些行业税收指标、模型参数、案例剖析等信息，让纳税人进行自我对照、自我检测、自我评估，使其加强自身管理，降低纳税风险。

（六）税收论坛子系统

该子系统为社会各界（含税务机关）交流涉税事项的沟通平台，主要目的在于倾听纳税人的声音。

二、税收程序服务系统

该系统为纳税服务的核心内容，包括纳税人在涉及具体办税事项时可能运用到的所有程序。目的在于办理涉税事项时实现环节最简单、程序最优化、时间最节省、费用最节约。具体包括：

（一）网上办税子系统

网上办税子系统包括：税务登记、资格认定、发票管理、远程抄报税、网上认证、申报缴税（再按税种和不同类型的纳税人设置下一级别的子系统）、出口退税、税务文书签收等。

（二）纳税查询子系统

纳税查询子系统包括：办税结果查询、文书审批结果查询、证照办理查询、发票流向查询、丢失被盗发票查询、纳税信用等级查询、欠税户查询、非正常户查询、注销户查询、停业户查询等。

（三）资料下载子系统

资料下载子系统包括常用涉税软件下载以及表证单书下载。

三、纳税权益服务系统

本系统的目的在于维护纳税人权益，给纳税人纳税救济提供帮助，建立反应快速的维权渠道和救济援助调解机制。具体提供：纳税人权益告知子系统、投诉举报子系统、税务行政复议子系统等。

四、纳税服务评价系统

（一）设置目的

制度经济学认为，在产品质量多维性的条件下，如果考核机制对某一维度给予较高的评价，就会导致牺牲其他维度而使这一维度的供给过多或虚假供给。多年来，税务机关的考核指标主要集中在完成税收任务上，对于纳税服务缺乏系统全面的考核标准和机制，从而导致纳税服务工作不到位。纳税服务体系的建立和健全，必须有一整套完善有效的规则和指标来支撑体系的运作，并作有效的考核监督和责任追究，这样才能使纳税服务不致流于形式，不致有很大的随意性，而是真正落到实处。因此，需要通过本系统的设置，来科学、全面、公平、公正地评价纳税服务质量，对贯穿于税收征收管理全过程的纳税服务系统给予有效的激励和约束。

（二）指标体系设计

总体指标体系设计以纳税人需求为出发点，采用定量与定性相结合的评价方式。按照需求特性，对应上述纳税服务三大系统，提取关键要素和评价指标。税收信息服务系统的评价指标包括税收法规健全度、明晰度；税收法规公布及时性、网上在线咨询问题数、网上答复问题数、答复准确率、答复及时性；提醒服务及时性；自我纳税评估利用率等。税收程序服务系统评价指标包括：帮助系统的有效性、涉税系统程序的科学性、网上办税数量统计、涉税事项办结时限等。税收权益服务系统评价指标包括：提供服务的次数、提供服务的及时性、提供服务的有效性等。上述指标中除了极少数（比如网上在线咨询问题数、网上答复问题数）可以通过网络自动统计外，其余的均应该由真正的纳税服务对象——纳税人广泛参与，并采用定期和日常相结合的方式进行。日常评价由纳税人自愿选择是否参与，但是定期（比如按年或半年）评价纳税人必须参加，可以将参与纳税服务评价设置为纳税人登录的条件，以期达到评价结果的全面、客观、公正、有效。日常评价可以只通过最满意的服务项目、最不满意的服务项目、纳税人满意率三个简化指标进行，但是定期评价必须通过全面的、具体到每一个系统的指标体系来进行。

（三）指标结果运用

指标结果作为纳税服务工作优劣的评价标准，可以用于不同地区同一系统（岗位）的横向对比，也可以用于同一地区同一系统（岗位）不同时期的纵向对比。将对比的结果全面纳入税务机构和工作人员年度考核目标，与税务人员的工作业绩直接挂钩。同时，根据指标结果，对纳税服务中出现的问题进行分析总结，不断改进，在有利提高纳税服务水平的同时实现全社会税收环境的优化。

第五章

纳税服务的推动力量

第一节　加强纳税服务能力的培养

我国纳税服务工作已经历了表象型服务、管理型服务两个发展阶段，服务意识由淡薄逐渐转向强化，服务形式由随意逐渐转向规范，服务手段由单一逐渐转向多元，服务流程由复杂逐渐转向简便，服务层次由浅表逐渐转向深入，征纳关系由对立逐渐转向和谐。但是，纳税服务工作仍有需改进和深化之处，而纳税服务能力不足是制约纳税服务水平提升的"短板"，亟待提高。

一、纳税服务能力培养的基本特征

（一）系统性

纳税人的需求往往是多层次的。这就决定了税务机关工作人员的纳税服务能力是由诸多能力构成的一个有机系统，既需要具备职业活动所需要的基础能力，还需要具备相应的专业能力，才能共同支撑纳税服务能力的有效提升。

（二）层级性

不同层级、不同职系、不同岗位的税务人员由于工作内容差异，对纳税服务能力有不同需求侧重。在具体层级中：高层税务机关（一般指省级以上税务机关）及其工作人员的纳税服务能力多侧重于宏观层面的分析预测、科学决策、驾驭全局、开拓创新等方面；中层税务机关（一般指地市级税务机关）及其工作人员的纳税服务能力多侧重于协调层面的组织指挥、综合协调、宣传发动等方面；基层税务机关（一般指县区局及其税务分局、税务所）及其工作人员的纳税服务能力多侧重于技术层面的发现、分析、解决具体问题的能力。

（三）动态性

纳税服务能力是在一定的工作实践中形成和发展起来的，其形成条件既相对稳定，又处于不断的发展变化之中，这使得各级税务机关及其工作人员的纳税服务能力结构随之不断地动态变化。它包含正反两方面的互逆趋势：正向是各级税务机关及其工作人员的纳税服务能力因外部环境完善和自身努力而增强，反向则是因机制欠缺和自我放松而削弱。

（四）科学性

所谓科学性，是指提升各级税务机关及其工作人员的纳税服务能力需要具有一个比较科学、完整的机制。

（五）创新性

纳税服务能力培养不是一时之需，而是税收工作的渐进性、长期性、系统性任务，能否取得成效的可靠保障就是创新。

二、纳税服务能力培养的体系框架

（一）纳税服务能力模型

依据纳税服务能力的功能区分，完整的纳税服务能力模型包括基础能力模型（或称为核心能力模型）、专业能力模型（包括职系专业能力模型、岗位专业能力模型两部分）、领导能力模型三大类。三者关系犹如"金字塔"结构，塔基是基础能力，塔身是专业能力，塔顶是领导能力。

基础能力模型定义了各级税务机关及其工作人员普遍需要具备的能力。专业能力模型定义了各级税务机关及其工作人员在不同职系、岗位需要侧重具备的能力。其中，职系专业能力模型是各级税务机关及其工作人员在某个职系、岗位系列中需要侧重具备的专业能力。职系大致可以分为政务服务、业务服务、技术服务、决策服务四大类；岗位专业能力模型是各级税务机关及其工作人员在某类岗位中需要侧重具备的专业能力，通常可以细分为税源管理岗、税务稽查岗、出口退税管理岗、税收分析岗、反避税岗等若干岗位。领导能力模型定义的是各级税务机关中决策角色需要具备的决策组织能力，其职系属于决策服务类，其岗位属于决策层领导。

税务机关工作人员都有属于自己的职系、岗位。在满足基础能力模型的基础上，还需要满足其职系、岗位的专业能力要求。而决策层领导在满足基础能力模型的基础上，还要满足专业能力和领导能力模型对其决策组织能力的要求。

（二）纳税服务能力的主要内容

由于纳税服务能力培养主体的异质性，根据工作需求、层级与能力模型，我们从三个方面列举纳税服务能力的主要内容。

1. 基础能力的主要内容

各级税务机关及其工作人员普遍应具备的基础能力主要由政治鉴别能力、公共关系能力、学习检讨能力、心理调适能力四大类模块的内容组成，支撑所有专业能力的应用和发展。当然，这四类模块下面还会包含具体能力的内容，如公共关系能力就是意思表达、工作演示、协调合作、冲突管理等若干具体能力的组合。

2. 专业能力的主要内容

由于层级、职系、岗位分类设置的庞杂交叉，且各地情况迥异，欲要穷举专业能力的具体内容显然不太现实，只能根据实事求是的原则，具体情况具体分析。但至少它是在基础能力之上，拓展为与工作职系、岗位需求紧密结合的能力内容，在准确把握工作目标，客观分析工作程序，正确执行工作任务等方面，充分体现法治、公平、文明、效率的治税思想，充分体现出科学化、规范化、专业化、精细化的税收工作理念。不论何种层级、职系、岗位，各级税务机关及其工作人员为纳税人服务的专业能力都产生于以下四个基本方面：一是税收法律及相关法规、规章；二是税收征管实务；三是企业财务会计制度；四是企业管理知识。总体趋向是层级越往下越偏重于针对具体对象的纳税服务能力，层级越往上越偏重于针对概念对象的纳税服务能力。

3. 领导能力的主要内容

由于涉及的领域众多，工作的综合性、复杂性决定了各级税务机关属于决策角色的工作人员必须具备相当高层次的基础能力和一定的专业能力，甚至可以成为通才和专才，否则，就不可能对本级或者下级税务机关及其工作人员实施有效的领导。但不论任何层级，属于决策角色的税务机关工作人员的能力系统也具有自身的决策组织能力侧重。

领导能力还包括创新思维能力、工作导向能力、综合分析能力、全局掌控能力、组织激励能力。譬如综合分析能力，其内容主要包括四个方面：经济税源分析能力，既能着眼于宏观税源分析，又能立足于微观税源分析；经济税收政策效应分析能力，能在宏观经济形势的发展趋势和宏观调控政策的调整变化中，准确把握宏观调控中的税收政策取向，增强税收工作的预见性；税收征管效能分析能力，能通过对税收征管效能的分析评估，及时发现税收征管薄弱环节，有针对性地采取措施，保持税收与经济协调发展；税收预测预警分析能力，能通过信息化手段整合税收分析所必需的经济、税收业务数据，进行关联分析和预警发布，探索和掌握提高税收管理质量和效率的客观规律。

根据上述纳税服务能力模型及其主要内容，可以初步构建起纳税服务能力建设的体系框架，如图5-1所示。

三、纳税服务能力建设的基本思路

（一）制定组织目标

组织目标是组织与成员的共同价值取向，它是该组织与成员的最高行为规范。组织目标决定着组织与成员能力模型。组织目标往往又体现为具有阶段性的具体目标。因此各级税务机关应当对发展有一个短期、中期、长期的规划。

```
职系：决策服务类        领导        1. 创新思维能力
岗位：决策层领导         能力        2. 工作导向能力
                                    3. 综合分析能力
                                    4. 全局掌控能力
                                    5. 组织激励能力

职系：政务服        专业能力      1. 税收法律及相关法规、
务、企业服务、      （职系、岗位        规章
技术服务、决        专业能力）    2. 税收征管实务
策服务                            3. 企业财务会计制度
岗位：税源管                       4. 企业管理知识
理岗、税务稽
查岗、出口退        基础能力       1. 政治鉴别能力
税岗、税收分       （税务机关及其工作  2. 公共关系能力
析岗、反避         人员的核心能力）   3. 学习检讨能力
税岗……                          4. 心理调适能力
```

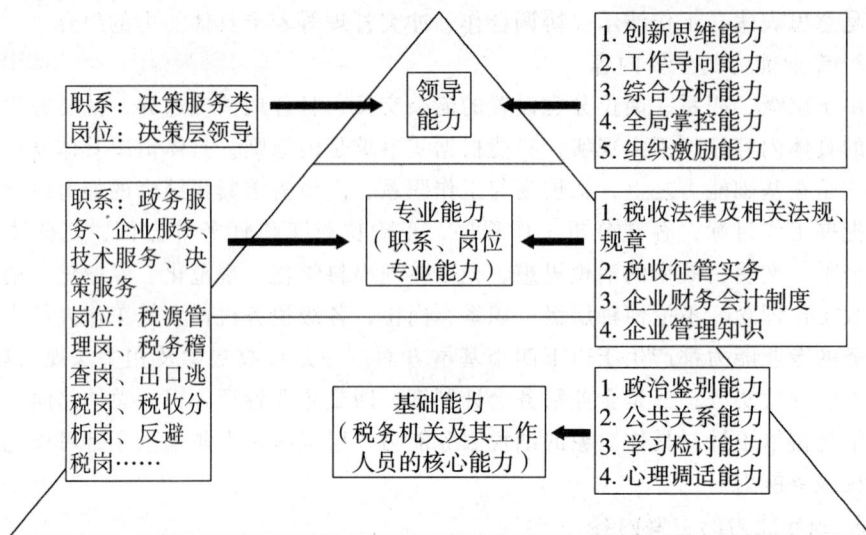

图 5-1　纳税服务能力建设的体系框架

（二）明确职位标准

职系、岗位标准是关于职系、岗位预期应用的条件范围描述，即当能力要素的范围确定以后，组织的成员在这个职系、岗位范围内的所有条件变量下的相应职业活动都要达到期望水平，才符合这个要素规定的能力标准。因此，各级税务机关应根据自身实际，完善组织机构设置，合理调整征管模式，对职系、岗位进行科学合理的分类，从而使职系、岗位具备的纳税服务能力能够有全面、客观、清晰的描述。

（三）完善招录制度

当前各级税务机关主要是通过面向社会公开招考公务员形式录用人员，因此税务机关应完善招录制度，既要坚持"逢进必考"的原则，又要突出税务工作的专业能力需求。

（四）改革绩效方法

改革绩效方法的目的是为纳税服务能力的培养提供一个良好的环境支持机制。一方面，要以"能力业绩"为核心，对各层级、各职系、各岗位税务机关工作人员建立不同的考核指标，逐步实行分类量化考核，加强对考核结果的综合分析，准确研判各层级、职系、岗位不同的纳税服务能力培养的方向。具体操作方法是：每年的工作目标由税务机关工作人员个人申报，经分管领导核定、修订，最终确认作为该税务机关工作人员定期考核的主要目标与标准；年终考核评价实行税务机关工作人员自己评价量化分值、分管领导结合定期考核情况量化分值，最后得出税务机关工作人员评价的总分值，这个总分值与税务机关工作人员具有的职业能力级别分别占有一定比例系数，同其晋升、奖惩等直接挂钩，把薪酬从"平均化"向"差别化"转变。另一方面，要以《公务员法》为依据，进一步完善职务与职级并重

的"双梯制"晋升方法，使税务机关工作人员能以职级提升的方式获得晋升的新渠道，既有利于解决基层税务机关工作人员职业发展空间狭窄、职务晋升困难的突出问题，激励基层税务机关工作人员更好地从事纳税服务活动，也有利于税务机关吸引和稳定专业人才，形成鼓励人才干事业、干成事业和干好事业的良好氛围。

第二节　打造纳税服务品牌

近年来，各地税务机关围绕纳税服务建设纷纷创新服务举措，推出了一批各具特色的纳税服务品牌。但什么是纳税服务品牌，如何正确理解、认识纳税服务品牌建设的意义，如何从战略角度推动纳税服务品牌建设却少有论及，且存在理论模糊的现象，这是一个值得关注的课题。

一、对纳税服务品牌建设的理论认识

服务品牌是市场营销学中的一个概念，是经营者提供并得到市场认可的个性化服务标识。它的含义包括：服务品牌是一种服务标识，如同商品品牌是商品标识一样，有外在形态，不是看不见、摸不着的；服务品牌是个性化的服务标识，是创牌公司或人的特色服务，不是雷同化、一般化的服务；这种个性化的服务标识，是市场认可、社会认可的，在消费者中有一定的知名度、信誉度，不是自我标榜的商业炒作。纳税服务与商业服务在本质上是有区别的，主要表现在：服务的主体不同，纳税服务是由税务机关直接提供的，而商业服务是由商家提供的；服务的客体不同，纳税服务是税务机关对纳税人提供的涉税项目服务，而商业服务是以购买者为对象的服务；服务的性质不同，纳税服务是无偿的，体现了执法为民的权力本性，而商业服务是有偿的，反映着市场经济的交换关系。但应当看到，近年来，一场引入商业服务理念、针对纳税人的服务运动正在西方一些发达国家悄然兴起，如澳大利亚把纳税人视为顾客，设立顾客服务中心，为顾客提供直接上门咨询及完税服务。同时，从服务的价值取向上看，无论是商业服务还是纳税服务都应以服务对象的满意度作为评价服务质量的标准。因此，运用服务品牌战略思想，研究纳税服务品牌建设是很有意义的。依据服务品牌理论首先对纳税服务品牌作如下定义：纳税服务品牌是公众及纳税人对税务机关提供的个性化服务所产生的综合感受和评价结晶物。这一概念对纳税服务品牌的内涵主要强调三点：

（1）税务机关提供的纳税服务应代表着创牌税务机关的特色服务，而不是雷同化、一般化的服务；

（2）纳税服务品牌，应产生得到纳税人及公众认可的个性化服务标识；

（3）这种个性化的服务标识，是纳税人及公众认可、社会认同的，在一定的范围内有一定的知名度、信誉度和影响力。

二、影响纳税服务品牌建设的要素分析

借鉴美国德克萨斯 A&M 大学的 Berry（2000）提出的服务品牌资产的模型理论，我们提出纳税服务品牌模型，纳税服务品牌的构成要素、形成过程以及要素之间的影响关系和强度如图 5-2 所示。

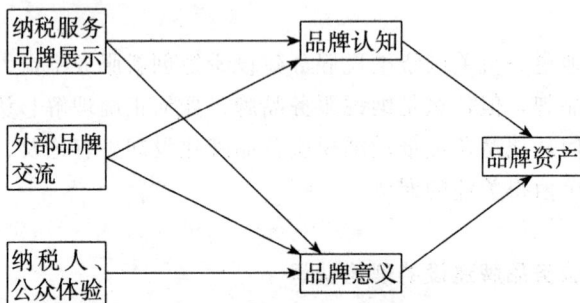

图 5-2　纳税服务品牌模型

该模型揭示，纳税服务品牌资产是由品牌认知和品牌意义构成的。品牌资产之所以对纳税人有价值，是因为品牌认知和品牌意义能给纳税人带来价值。品牌认知是指当纳税人被暗示后，他们对于税务机关或品牌名称能否有所记忆和了解。品牌意义是指纳税人对品牌占主导地位的感知，是当提及一个品牌时纳税人首先能反映的意识，它能唤起纳税人对品牌象征意义的感悟和情感连接。

培育纳税服务品牌资产，应建立优良的品牌认知和品牌意义。但重点应在品牌意义上，因为它的内涵比前者深远，能为纳税人提供更多的服务价值，是品牌资产形成的主要影响因素。税务机关可以通过展示纳税服务品牌、外部品牌交流和纳税人体验这三个途径来影响品牌认知和品牌意义，进而影响品牌资产的形成。

决定纳税服务品牌意义的要素主要有六个方面：

（1）服务质量。服务质量构成了服务品牌的核心。就纳税服务内容而言，包括服务项目、服务标准、服务方式、服务承诺等诸多方面，共同构成了服务质量的评价标准。这些评价标准必须以纳税人及公众满意度为中心，因此必须通过把服务具体化、标准化、规范化，来获得稳定的服务质量。

（2）服务模式。服务模式主要是纳税服务工作的管理模式，如"一窗式"、"一站式"服务，它与服务反应速度、服务覆盖程度共同构成服务的三大核心竞争点。通过服务模式的固化，可以稳定服务运行质量。

（3）服务技术。服务的技术含量是决定服务质量的关键要素之一。税收信息化是推动纳税服务发展与变革的加速器，基于纳税服务需求的信息技术水平是打造纳税服务品牌的核心要素。

（4）服务成本。纳税服务成本，既包括税务机关的服务成本也包括纳税人办

税的社会成本。税务机关必须在立足于服务定位的基础上，简化办税程序，方便纳税人，节约纳税人的缴税时间和劳动成本，才有利服务品牌营造。

（5）服务文化。服务文化是服务品牌内涵的"构件"之一，纳税服务文化应以"三个代表"重要思想和科学发展观为指导，立足于对国学传统文化的继承，以及对公共管理文化的融合，建立以纳税人需求为导向的品牌文化，并且这种文化必须随着经济环境、社会环境、政治环境、文化环境等因素而变化，不断发展与创新。

（6）服务信誉。诚信是品牌不容缺失的关键因素之一，纳税服务品牌的信誉是税务机关公信力建设的重要组成部分，而建设公信力的税务机关必须把建设"法制型、服务型、责任型"的税务机关作为根本的工作取向。

三、打造纳税服务品牌的路径与策略

一般而言，构建纳税服务品牌的路径主要分为六步：

（1）合理命名纳税服务品牌。从服务品牌名称来看，服务品牌命名经历了一个由同质到差异、由普通到个性、由直白到概念的过程。优秀的服务品牌命名，既要容易识别，又要个性鲜明，还要易于传播，这就是衡量服务品牌名称是否科学、合理的标准。

（2）设立纳税服务专业管理机构。要想打造纳税服务品牌，就必须建立品牌管理组织体系，包括组织机构和专业人员配置，负责品牌规划、管理、推广、传播等工作。

（3）创立纳税服务形象体系。品牌识别系统（BIS）是形成品牌差异并塑造鲜明个性的基础，基本可以分为三个组成部分：理念识别（MI，包括服务宗旨、服务方针、服务哲学、传播定位等）；视觉识别（VI，包括标准色、标准字、LOGO、卡通形象、服务车辆、人员着装等基础要素、应用要素系统）；行为识别（BI，包括服务语言、服务动作规范等）。

（4）建立纳税服务渠道体系。纳税服务渠道是一个体系，可以包括多个子渠道，如人员服务渠道（纳税服务中心服务人员主动服务队电话服务渠道12366呼叫系统）、网络服务渠道（税务网站）、媒体服务渠道（报刊、宣传资料等）、场所服务渠道（办税服务大厅、纳税人之家等）、会议服务渠道（新闻发布会、政策咨询培训会议）等多方面。

（5）建立快速反应机制。快速反应不仅代表诚信形象，更可把有损品牌形象的危机事件化解于萌芽之中。通过快速受理、快速处理纳税人投诉，避免不良行动后果对纳税服务品牌产生的负面影响。

（6）科学运作纳税服务品牌传播。纳税服务品牌传播过程中，仅凭"说"得好听还不行，在实际中"做"得好才行。确切地说，服务品牌是实实在在地"做"

出来的，因此纳税服务人员才是最实效、最权威的传播大使。

四、国际先进纳税服务品牌的借鉴

（一）美国以服务为治税宗旨型的纳税服务

近年来，美国每年要拿出税务经费的10%至15%用于纳税服务。美国国税局利用计算机技术，研究开发了纳税服务分析系统。纳税服务的方式有个性化服务和共性化服务两种：个性化服务包括面晤联系、电话联系、通信联系、互联网联系等；共性化服务包括召开小型企业税务研讨会、发行税务刊物及光盘、开辟电视税务诊所、通过广告委员会播放广告、通过金融信息网络播报税务信息等。

（二）新加坡信息推动型的纳税服务

新加坡税务机关制定了为纳税人服务的标准，设立了专门为纳税人服务或协助纳税人解决税务纠纷的机构，称作纳税人信息服务中心、纳税人服务办公室。这一服务体系的建立，带有明显的信息推动特点，通过大力推进信息化进程、建立科学高效的系统运作机制，最终达到为纳税人提供最优质服务的目的。

（三）英、法、日、澳等国多元化的纳税服务

英国最具特色的是以帮助社会弱势群体为目的的税收志愿者行动。法国的纳税服务特别强调税务部门与纳税人之间的对话和沟通，强调咨询的针对性。日本税务局与美国类似，设有专门的广播电视部门，与新闻当局的电视、广播一道，负责把纳税人应普遍知道的税收信息传达给纳税人。澳大利亚税务当局最具特色的是以因特网和统一的电话咨询为主的纳税服务手段。

（四）香港地区以完备的咨询为主导的纳税服务

香港建立了完善的纳税服务体系和服务承诺制度，致力于为纳税人提供优质的服务。优质服务，与时俱进，对纳税人待之以礼，并提供最有实效的服务，是香港税务局的税收使命之一。

第三节　推广税收执法服务标准化

近年来，各级税务部门不断增强税收科学化、精细化、规范化管理力度，使税收管理水平有了较大提高。与之相应，如何明确税收科学化、精细化、规范化管理的依据、程序、内容和目的，是摆在税务部门面前的一个新课题。顺应税收科学化、精细化、规范化管理的形势，建立一套结构完整、条理清晰、目标明确和易于操作的税收执法服务标准化体系，将促使税收执法服务迈上新台阶。

一、税收执法服务标准化的内涵和意义

（一）税收执法服务标准化的内涵

1. 税收执法服务的概念

税收执法是国家行政机关重要的执法活动之一，它是指税务机关及其工作人员依照法定职权和程序，将国家税收法律法规适用于纳税人及其他管理相对人的一种具体行政行为。税收服务是指税务机关根据国家税收法律、法规和政策的规定，以贯彻落实国家税法更好地为广大纳税人服务为目的，通过多种方式，帮助纳税人掌握税法、正确及时地履行纳税义务，满足纳税人的合理期望，维护纳税人合法权益的一项综合性税收工作。它是税务机关的法定义务和职责，是贯穿整个税收工作的重点内容。

2. 税收执法服务标准化的概念

税收执法服务标准化是指在国家税收法律、法规和政策规定下，通过流程再造，进一步整合梳理各类执法服务政策，对重复性事项、经常性事项制定和发布实施标准，实行标准化作业、流程化操作、目标式管理的一种税收活动。

3. 实行税收执法服务标准化的目的

实行税收执法服务标准化是要实现税收业务操作、文书管理和岗责评价的"三统一"，以体现管理过程和结果的可测性、可控性，维护税收的公平正义，规避税收执法风险，提升税收执法服务水平，全面释放税收管理效率。

（二）实行税收执法服务标准化的必要性

税收的本质是国家以法律规定向经济单位和个人无偿征收实物或货币所形成的特殊分配关系。不论税款由谁缴纳，一切税款都是来自当年劳动者创造的国民收入或以往年度积累下来的社会财富。税务机关自身不创造税收，因此，税务机关必须对国家负责，依法征收，不断提高征收率，同时也要营造公平公正的纳税环境，提供优质高效的纳税服务。推行税收执法服务标准化，有利于进一步提高税务机关的执法质量和服务水平。

1. 有利于维护税收正义

正义是一个社会的根本行为准则，是制定各类税收政策法规的首要价值判断。正义包括程序正义、制度正义和结果正义，只有实现了程序正义和制度正义才能产生结果正义。因此，建立一套可操作性强、公开理性的制度和程序是不断完善税收体制的重要手段，也是维护纳税人财产权和人格尊严的根本途径。从具体的实务层面上讲，以更加明晰的要求、更加具体的规范和更易操作的标准建立起税收执法服务标准化体系，是对税收制度的有益补充和重要完善。

2. 有利于提升税收管理的质效

提升税收管理质效有两方面的因素：一方面，税务机关内部要加强制度建设，

提升自身能力和工作效率；另一方面，纳税人要有社会责任意识，提高自觉纳税遵从度。推行税收执法服务标准化，不仅有利于理顺税务机关内部的制度规范，也有利于为纳税人营造公平公正公开的涉税环境，使纳税人更加准确地掌握税务机关执法程序，让纳税人享受到更加高效快捷的办税服务，从而使增强纳税人的自主申报意识成为可能。

3. 有利于实行税收科学化、精细化、规范化的管理

加强税收科学化、精细化、规范化管理是夯实税收征管基础、强化税源管理的重要途径。从当前的税收环境来看，存在着有些业务工作要求散落于多个文件、流程不统一、要求不明确、有些税务干部工作不严谨、业务操作不规范等问题，基层税务机关也存在着"凭原有经验管理，凭传统模式管理"等现象。面对日新月异的税收管理环境、日益完善的税收法律法规，按照"分解工作步骤，统一工作流程，明确工作要求"的原则，建立起一套系统完整、精确细致的税收执法服务标准化制度，必将有力地推动税收科学化、精细化、规范化管理进程。

二、税收执法服务标准化的实践

（一）改造税收业务流程，形成"标准化"管理模式

构建税收服务标准化机制的核心，就是根据流程再造（BPR）理论，重塑税收执法服务过程。

1. 确定流程改造对象

从当前基层税收管理现状出发，在对海量基础征管数据进行客观分析的基础上，结合对纳税人及税收管理一线人员的调研成果，积极探索税收管理工作规律和发展趋势，确定了包括税务行政处罚、开业/变更登记、窗口开票、纳税鉴定、欠税管理、稽查案源、稽查实施、稽查审理、稽查执行、稽查案卷在内的十大流程作为首批标准化流程改造对象。这十大流程是税收管理人员日常管理工作最重要的组成部分，也是纳税人对税收执法服务过程最直接、最明显的体验。

2. 描述执法服务流程

严格依据法律法规，对确定的十大改造流程进行全面梳理，对涉及的具体工作事项进行准确描述，对各流程所要实现的目标要求以及在整个执法服务过程中所处的地位予以明确。从原本松散的流程工作规范出发，按照可操作性、可控制性、可测量性的要求，重建一套完整的税收执法服务管理标准。该标准对现有各项执法服务过程和各个单项事务的处理过程进行归纳，把税收执法服务核心事项清晰地抽象为十个基本活动单元，形成了标准化的主流程。

3. 把握流程节点控制

节点，即在流程中每个过程实施的时间点，节点的控制效果决定了整个流程的走向，只有在严格控制每个节点的前提下，才能确保最后结果的精确性。节点的确

定方法为：从具体的执法服务事项出发，将与执法服务事项相关的各类法律法规以及文件规定相融合，以量化为标准，选取直接决定执法服务合法与合理与否的关键点。实施节点控制的优势在于：一是将工作标准事项化，将散落在各个法律法规中的规范性要求加以整理归并，从具体事项出发，明确了各步骤的实施要求。二是实现了工作质量的分段控制，解决了执法过程模糊、执法责任不明晰的问题。三是减轻了质量监管部门的工作量，将原本对工作质量的整体审核变为节点要素审核。

4. 遵循"统一性"原则，规范相应文书制作

文书是税务机关依法行政的具体体现，是税收执法服务活动的记录载体和法律依据，也是"标准化"的外在体现形式。但长期以来，基层税务文书一直存在着版式、结构、使用以及归档不统一等各类问题，文书的规范一直游离在整个税收管理的规范进程之外。因此，应将文书制作作为实现"标准化"的重点之一。在《ISO9000质量管理体系作业指导书》的基础上，对重点业务事项使用的文书进一步深化、细化，对十大标准化流程涉及的各种文书的使用范围、涉及内容、制作时限、填列标准、送达方式等进行全面的规范统一，以突出依法治税、优化服务的导向，明确用什么，怎么用及其质量要求，从记录载体上实现整个执法服务标准过程的一目了然，同时便于执法过错的追究和责任认定。

（二）改进税收督导机制，提供"标准化"管理保障

尽力将税收工作做到极致，做到税收执法的全方位规范、全过程控制和全视角监督，为税收业务工作"标准化"管理提供强有力的保障。

1. 实行督导与巡查相结合

建立税收执法服务"标准化"督导机制，对工作进展进行过程控制。同时定期向巡查部门提供税收业务工作"标准化"管理实施进展情况，提出巡查方向和重点，强化巡查机制，把"标准化"管理落到实处。

2. 实行督导的日常化管理

建立税收业务工作月度通报制度，对税收征管质量效率实现情况、日常工作和专项工作进行通报，促使基层税务部门相互借鉴、相互学习、相互提高。同时使上级领导及时掌握工作进展情况，为领导决策提供依据。

3. 实行督导的标准化管理

利用征管系统、综合考核软件、基础数据审计平台、税务管理员工作平台等的监控功能，获取宏观异常信息，筛选出可能影响税收管理的重点异常信息，推送给基层税务部门，督促调查分析比对，查找安全漏洞，及时纠正，将税收管理差错控制在萌芽状态。

4. 实行督导的促进式管理

对在巡查、日常管理和"标准化"管理过程中发现的普遍性问题及时汇总分析，制定切实可行的措施并提出整改意见，使"标准化"管理切实产生持续改进的效能。

三、构建税收执法服务标准化需要继续研究的问题

（一）如何合理确定流程，扩大标准的覆盖面

税收执法服务的标准化，是指通过对税收执法和服务工作制定标准，并在实施中作为共同遵守的准则和依据，以规范和保障税收工作科学、高效、正常地运行，最终达到最佳社会效果。税收执法服务标准化体系应包括税收执法和服务两个层面并辐射管理全过程，而当前的税收执法服务标准条款只涵盖了征收、管理、稽查三个维度的内容。因此，当务之急就是要合理确定应该实施标准化的范畴，将税收执法服务工作的各个方面全部纳入标准化体系，使税收执法服务各项工作都有据可依。一是要对照《税收征管法》的要求，全面梳理确定税收执法流程。二是要对照规范服务要求，精细划分税收服务流程。一方面，要全面精简办税流程，切实减轻纳税人不必要的负担；另一方面，要全面规范窗口服务，推进网上办税，加强国、地税协作，重视纳税咨询辅导，实行公开办税等程序，切实使税收服务规程更加优化。

（二）如何科学界定节点，体现流程的控制力

税收管理流程中的节点，是流程的交叉连接点，是业务分叉的交汇点，是税收管理的切入点。节点的科学性、规范性将直接影响整个管理流程的性能。因此，税收执法服务标准体系的建设要实现可控可管，就必须从每个流程的节点上下工夫。具体体现在三个方面：一是要按照可控原则，最大程度地确定每个流程的节点。二是要按照量化原则，对每个流程的节点作出具体规定，确保每个流程的节点要求明确、责任到人。三是按照链式原则，确保每个节点都是可以延续的，节点与节点之间分割明确、联系紧凑，而每个节点都可以落实到具体责任人员，整个流程就是一个完整的闭合链。

（三）如何规范设计文书，增强记录的有效性

文书既是规范税收执法服务行为的重要载体，也是税收执法服务行为的表现形式。在实施税收执法服务标准化管理的过程中，最重要的就是要设计规范有效的文书。一是要形成范式化的文书范本，确保文书的统一和规范。要制定书写质控标准，对文书书写的基本要求、书写的内容作出具体规定，确保各类文书有统一的格式，对每一类文书所需要填列的内容予以明确规定。二是要形成有效化的文书范本，提升文书的作用与效率。税收文书不能只是记录的一个载体，它既要切实记录税收工作过程，更要通过文书体现工作绩效、反映工作业绩。三是要形成信息化的文书范本，实现文书的精简与持续。要依托信息平台，精简文书记录程序与事项，全面强化评估文书的可持续利用，提升文书应用的效率。

（四）如何统筹各项规定，降低执法的风险度

当前，税收法律法规的不完善对标准化制度的制定存在着制约影响。比如，税

务行政处罚决定强制执行的时限与行政处罚法的相关规定不一致,《税务稽查工作规程》与《税收征管法》对调取账簿、税收保全、立案标准等问题的规定不一致等。同时,标准化管理与自由裁量权的运用如何实现平衡,也是需要研究的一个问题。因此,在标准化管理的实际操作中,一方面,要加强对相关法律法规的修改建议,积极推动法律条文与税收规章的一致性;另一方面,要加强对《税收征管法》中规定的自由裁量权的运用监督。

四、完善税收执法服务标准化机制

(一)紧扣税收职责职能,加快标准化建设

提升标准化内容的生命力,为实现税收执法服务标准化提供了制度规范。根据各种税收征管程序性法律、法规和规章的要求,制定用以规范税务机关执法活动的切实可行的操作规范。这些行为规范包括:税收征管日常工作规范、税务行政强制操作规范、纳税担保操作规范、税务机关行使代位权及撤销权操作规范、税款优先权操作规范和税务行政执法证据规范等相关执法操作规范。主要是明确各项税收执法行为的法律依据、法律程序,将法律、法规、规章和行政解释中对某一行为的分散规定集中起来,对原则性的规定加以具体化,对有关的知识、方法、手段和各种注意事项加以明确和规范,对各种特殊情况的处理作出明确的说明,形成较为周密、完善的操作流程和操作说明,作为税务机关各项税收征管活动的工作指导和行为规范。

(二)着眼科学规范有效,加强体系性建设,提升标准化制度的牵引力

作为规范税收行为的税收执法服务标准化机制,其法理依据就是各项税收法律法规以及有关规章制度。因此,要全面提升标准化机制的实效,就要严格履行税收职责职能,全面提升制度的法律刚性,积极加强体系的牵引力度。一是要对照《税收征管法》及其《实施细则》,全面梳理明确税收执法、管理以及服务的具体要求,明确征税人与纳税人的法定责任和义务,尤其是税务机关在规范税收执法、优化纳税服务方面的具体要求,确保税收执法服务标准化体系全面囊括税收执法、管理和服务的全部内容。二是要全面提升标准化体系的法律地位,通过相关法规或规章的形式对制度进行更高层次的定位,体现标准化体系作为一项制度的刚性,避免制度弱化现象的出现,使制度在贯彻落实中具有更强约束力。三是要积极营造共同的文化氛围,一项管理策略的执行,只有通过文化引领、机制激励和流程约束三个层面推进,才能真正焕发生命力。作为税务系统要全面规范税收执法服务行为,不仅要通过规范化、模式化的流程来进行约束,更要通过培养系统内一种共识来推进和提升。

(三)依托现代科技手段,加快统一平台建设

提升标准化流程的规范力。税收标准体系如果仅落实在人工操作的基础上则只

能是低效和繁琐的，要全面提高执行效率，实现征纳双向的减负增效，必须全面依赖信息技术手段的提升。一是要加快税收执法服务信息化平台建设。对外要全面推进网上申报、短信平台等信息化手段，在巩固完善的基础上进一步深化信息化平台建设，开发建设网上纳税人之家，全面推进税管员勤廉网上测评机制，全面优化征纳沟通渠道；对内要全面深化税管员管理平台、税收征管软件、稽查选案软件等的建设，在规范流程的同时减轻税收工作量。二是要将各类文书全面纳入信息化管理平台。目前的税收管理信息平台只包括了计会统部分，而对税收征收管理、税务检查以及纳税服务等税收核心工作的文书未有涉及，形成了各地自行开发、自定标准的局面，这既造成了信息资源的多重开发和浪费，也造成了税收规范的多重标准和失范。三是要形成全国范围内的统一平台。当前全国税务系统内的征管软件仅有国税部门当前使用的 CTAIS，而地税部门的征管软件出现各自为政的局面，既未实现全国范围内的统一，也未实现与国税部门的接轨。只有通过运用统一的征管平台，才能确保将管理创新的成果转化为固化的、不可人为随意改变的、计算机网络化的标准流程和规范，从技术层面切实保证执行力。

（四）把握队伍建设核心，着力优化人力资源，提升标准化管理的内生力

标准化管理的本质更多的是对税务干部的职业化要求，把对税收执法人员的工作要求更多地通过提高职业素质、专业知识固化到每个人的工作习惯之中。一是要加强基层领导班子建设。要切实加强领导班子思想、组织、作风建设，提升认识，增强意识，优化结构，改进作风，切实建设学习型组织、创新型团队、实干型集体，真正使标准化管理落到实处。二是要加强干部队伍建设。要着眼提高税务干部的综合素质、岗位技能和激发干部队伍的活力，大力加强教育培训，提高广大干部在应用标准化管理过程中的能力；大力弘扬税务精神，广泛开展创建活动，营造奋发向上、开拓创新、努力工作的良好氛围。三是要加强组织体系建设。要以服务税收中心工作为目标，按照《税收征管法》及其《实施细则》和其他有关规定完善基层税务机构设置。规范职责职能，形成分工明确、协调配合的运行机制，达到精简、高效、规范、有序的现代行政管理要求；要进一步推进干部人事制度改革和劳动分配制度改革，建立健全干部激励与约束机制，增强运行的活力和效率。

第四节　纳税服务绩效考评

纳税服务工作的有效推进不能只是凭空而谈，必须要建立科学、全面的绩效评价指标，让纳税服务、税收征管、执法工作有可以量化的考评标准，才能更好地检验和指导我们的工作。近年来，各级税务机关在纳税服务考评上进行了许多探索，各种考评办法在纳税服务、税收管理中发挥了重要的作用，但由于对考评体系的研究与实践毕竟很短，随着形势的发展，一些存在的问题也日益凸显出来。

一、当前税务系统纳税考评的主要方式及不足

1. 公务员年度考评

这主要是指各级税务部门对所属税务人员德、能、勤、绩、廉进行全面考察、评价。这种考评在公务员过渡时期发挥了一定作用，但这类考核对所有公务员是同一标准，缺少对工作岗位的针对性，特别是缺少对执法部门的服务职能要求，同时存在指标笼统空泛、定量评价不够、考核方法和结果不够客观等问题。

2. 岗位责任制考评

岗位责任制通常包括责任制、考评制、奖惩制三个部分。岗位责任制是一种试点性的考核办法，它的推行改进了工作作风，提高了工作效率。同时，也存在定量定性结合不够、横向纵向协调不紧、考核深度精度不足等问题，而且与政府管理职能的要求不够协调，考核过程流于形式。

3. 能级管理考评

它是绩效考核的初级阶段，"以考定分、以分定岗、按级取酬、全员参与、动态管理"为主要特点的能级管理模式，调动了大部分干部职工的积极性。但一直处于探索阶段，针对基层的办法、标准一直没有统一，特别是在奖惩的细则上，还需要进一步的摸索。

4. 目标管理考评

实践证明，目标管理考评的管理模式，较好地体现了目的性、整体性、层次性和创造性，但也存在系统配套性、整体持续性不够的问题。

5. 班子集体考评

班子集体考评实质就是通过带动"班子集体"这一"点"来把握税收管理全过程这个"面"。但考评大多集中于岁末年初，时间跨度大，不利于精确考评，特别是缺乏外部（社会或第三方）考评意见。

二、新型纳税服务考评体系构想原则

纳税服务产生于现代公共管理学，它是社会发展的必然产物，也是政府职能转变的必然趋势，纳税服务必须要以现代公共管理体系为理论基础，以现代科技为手段，建立全面的、科学的考评体系。

1. 岗责体系设置的科学性

一是科学设置岗位。按照工作岗位设定工作职责，进一步明晰征、管、查职能，进行业务重组和流程优化，设立管理服务、综合监督、税收管理等岗位职责，界定具体标准。同时合理设置行政管理岗位，建立起税收执法责任制和行政管理责任制相互依存的岗责体系，合理确定各科室或单位需设置的岗位数。二是合理设定

职责。按照精细化、科学化管理的思路，把税收的实体法规则细化为岗位工作标准、权限、责任，既要防止各岗位衔接脱节，又要避免职能重叠交叉。要对各岗位的工作职责进行进一步的量化、细化，制定详细的职位说明书，使各个岗位的工作人员能够全面了解岗位职责。三是注意理顺关系。坚持"效率优先"，在强化专业化的前提下，实行一人多岗、一专多能、岗位轮动，形成分工协作的良好机制。还要通过竞争上岗、好中选优等方式将合适的人选到合适的岗位上，强化岗位间的配合，最大限度发挥个体才能，实现"1+1>2"的效果。

2. 指标体系的可操作性

一是科学设置考评指标。考核指标的设置既要结合年度工作计划，又要根据岗位性质确定的岗位绩效考核要素，具体考核时可采用扣分制、罚分制和加分制。对扣分制项目可细化为过错类、不作为类、结果类；对过错类又可分为：时限过错、程序过错、权限过错、政策过错等内容。对每一类再进行细化，并明确扣分的分值。二是有效量化考评指标。要将绩效考评指标分解成量化指标和细化指标。不能量化的也要提出明确的质量要求，以减少考核时主观因素的干扰。量化指标，指可通过数学模型或数学公式计算的指标，如出勤率、工作时间、请销假等指标。细化指标，指工作态度等无法使用数学模型或数学公式计算的指标。三是公正设置岗位系数。为每个岗位设置不同的权重系数（基本分）。一般而言，复杂程度较高、前往意愿不强的岗位，基本分应定高一些。税收检查、纳税评估等需要较高业务技能的工作要适当提高分值，而对一些相对简单的业务适当降低分值。对临时性工作，可比照同一岗位系列类似工作项目的量化计分标准及耗用的必要劳动时间的比例，集中评定分数。

3. 考评方法的客观公正性

一是实行常年考核模式。实行日常考评、季度考评和年度考评三种方式同时进行，考评结果集中计算。建立日常记载制度，收集一些定性准确和定量可靠的与考评有关的事项，通过日常记载为绩效考评积累材料，提供情况，避免考评片面性，力求考评结果的真实性和完整性。二是引入多维考评方法。在沿用传统考评方法的同时，面向社会和服务对象（纳税人），考虑引入外部参评机制，扩大考评的主体范围，将考核面拓宽为上级、平级、下级、外部的多角度评价模式，四者的评定各以一定的比例计入总分，收集多方面考核信息，实现对被考核人的立体考核。三是强化人机结合考评。要积极探索人机结合的考评方式，推行计算机考评系统，建立每个岗位和干部的网络工作日志，每个干部要对每天完成工作数量在计算机中填写工作日志，然后由监控人员按照质量要求从计算机中汇总考评，自动生成考评结果。这样既节省考评时间和人力，又统一了考评口径。

4. 配套措施的约束激励性

一是建立考评责任管理。要建立考评工作责任制，明确各考评主体的考评责任、失职行为、追究处理等，规定在考评的各个环节中考评主体应负的责任，以及考评失实后考评主体要受到的处罚，进而保证考评进程和考评结果客观、公平、公正。二是建立结果运用机制。将考评结果与考评对象的奖金福利、个人荣誉等利益挂钩，不光要重奖先进典型、处罚落后分子，更应调动中间层这个数量众多的群体的积极性和主动性。可以设置进步奖，只要取得了明显的进步就进行奖励，避免部分人看不到奖励希望，丧失参与的热情。三是建立考评互动机制。考评组要将考评结果反馈给员工，并进行面谈沟通，创造一个公开、通畅的双向沟通环境，使考评者与被评对象能就考评结果及其原因、成绩与问题以及改进的措施进行及时、有效的交流，强化考评者与被考评者之间的互动，促进考评对象持续改进工作。

三、综合征管软件、税收执法管理系统定性指标的考核和转换

由于定性指标无法像定量指标那样精确地加以衡量和考核，因此对定性指标的考核往往是凭考核者的主观印象，本节在调研过程中分别同纳税服务科、征管科、收入核算科、税源管理科等业务相关科室进行了调查和讨论，通过综合各个科室的意见和建议来对定性指标进行了分析。

定性指标之所以难以考核，是因为定性指标反映的被考核者的业绩往往是笼统的、涵盖多方面内容的，而考核者是凭着对被考核者的业绩的总体感觉给出一个印象分，而这种感觉往往会由于各种原因出现偏差。而要能够对定性指标进行比较精确的考核，就必须尽量减少这种笼统和模糊。一种很自然的思路就是"往下细分"，找出一个大的定性指标中重要的并且可以进行具体考核几个方面，然后再针对每个方面制定具体的可衡量的考核标准。因此，制定定性指标的考核标准的总体思路就是：首先，将定性指标进一步细化为多个可以考核的方面，即考核维度；其次，针对每一个可考核维度，尽量用数据和事实来制定明确具体的考核标准。

（一）制定定性指标的考核维度，并根据重要性程度确定各维度所占的比重

一般来说，对一个定性工作的考察不外乎通过时间、质量、数量、成本和风险等五个角度。具体见表5-1。

表5-1　　　　　　　　　　　　　**考核维度**

考核维度	时间	质量	数量	成本	风险
具体项目（如办理税务登记、纳税申报等）	完成率、时限、及时性、完成时间、批准时间、开始时间、结束时间等	政策和制度的有效性、税收分析预测的准确性、税收数据质量和安全性、纳税评估的质量和效果、执法监督的有效性和法律救济的处理能力、提供服务的质量等	个数、时数、次数、人数、项数、额度等	费用额、预算达成率等	出错率、失误次数等

确定考核维度后，还应该根据各维度的重要性程度分别设立各维度的权重，见表5-2。

表5-2 **各维度的权重**

考核维度	分权比重
综合征管软件的评价	40%
税收执法系统的评价	40%
其他系统的评价	20%

考核维度的确定，将一个定性指标分为几个重要的方面分别进行考察，从而将定性指标的考核进行了细化，减少了定性指标整体考核的笼统和模糊，也使得被考核者明确上级对自己工作要求的主要方面，便于其合理分配时间和精力来开展工作。

（二）针对各考核维度，设定具体的考核方法和标准

考核维度确定后就要针对每一项考核维度，制定相应的考核办法和设立相应的考核标准，使得考核具有可操作性，同时尽量减少主观因素对打分的影响。通过调研我们建议使用以下三种方法进行考核：

1. 等级描述法

等级描述法是对工作成果或工作履行情况进行分级，并对各级别用数据或事实进行具体清晰的界定，据此对被考核者的实际工作完成情况进行评价的方法。

等级描述法适用于考核那些经常或重复进行的工作，因为能够很清楚地用数据或事实描述出各个级别的不同。具体操作中，建议分为"优秀"、"良好"、"一般"、"及格"和"不及格"等五个级别，为了简化操作，可以只对"及格标准"和"良好标准"进行具体的描述，依照各个级别间的递进关系来区分五个级别。

2. 预期描述法

预期描述法是指考核双方对工作要达到的预期标准进行界定，然后根据被考核者的实际完成情况同预期标准的比较，来评价被考核者业绩的方法。在实际工作中，有时会面对一些对新任务或新工作的评价，这时候考核双方往往没有或很少有先例可循，制定考核标准时也往往缺乏数据和事实的支持，这种情况下等级描述法就无能为力。因此，建议采用预期描述法，即通过考核双方尽量明确和清晰地界定预期标准，来为评价被考核者的业绩提供依据。

3. 关键事件法

关键事件法是针对工作中的关键事件，制定相应的扣分和加分标准，来对被考核者的业绩进行评价的方法。

关键事件法适用于那些关键事件能够充分反映被考核者工作表现或业绩的情况。

四、内部评价、纳税人外部评价、第三方评价的方法和考核分值的确定

纳税服务考核评价建议采取内部考核、纳税人外部评价及第三方独立调查途径获取考核评价信息。内部考核以纳税服务工作开展情况以及纳税服务保障机制建立运行情况为主;纳税人外部评价以纳税人对纳税服务工作成效和影响的评价为主;第三方独立调查则对纳税服务工作的整体状况进行评价。

（一）内部考核

这是指对税务机关纳税服务工作的开展情况以及纳税服务工作的成效进行考核。考核的依据来源于纳税服务质量检查、执法考核系统、综合征管软件等途径获得的相关信息。

内部考核指标主要应该包括:税法宣传情况、咨询辅导情况、办税服务情况、权益保护情况、信用管理情况、社会协作情况、服务保障情况。

1. 税法宣传情况考核内容

这包括税法宣传的及时性、税法宣传渠道的广泛性、税法宣传的准确性等。

2. 咨询辅导情况考核内容

这包括咨询渠道的畅通性、咨询答复的及时性、咨询答复的准确性、纳税人培训的及时性、纳税培训的针对性等。

3. 办税服务情况考核内容

这包括办税流程的科学性、办税服务厅标准化建设情况、办税服务制度落实情况、办税服务信息化程度、多元化办税方式的提供情况、征税成本变动情况等。

4. 权益保护情况考核内容

这包括优惠政策落实情况、执法规范情况、投诉处理情况、法律救济服务情况等。

5. 信用管理情况考核内容

这包括信用等级评定开展情况、信用等级管理情况、信用等级结果应用情况等。

6. 社会协作情况考核内容

这包括对注税行业的监督情况、与社会组织的合作情况等。

7. 服务保障情况考核内容

这包括服务制度的建立健全情况、服务组织的建立运行情况、服务人力资源的配置情况、服务经费的保障情况、服务平台的建设运行情况、服务考评机制的建立运行情况等。

（二）纳税人外部评价

通过开展纳税人满意度调查,获取纳税人对税务机关纳税服务工作的客观评价。纳税人满意度调查采取问卷调查、当面交谈、12366服务热线调查、电子邮

件、网上调查等方式获取。

外部评价指标以纳税人对税务机关纳税服务工作的评价为核心，考核税务机关是否为纳税人法定权利的行使和法定义务的履行提供方便，主要包括下列内容：

1. 税法宣传类

这包括宣传内容满意度、宣传方式满意度等。

2. 咨询培训类

这包括纳税培训满意度、咨询答复满意度等。

3. 办税服务类

这包括办税环境满意度、办税流程满意度、办税方式满意度、办税效率满意度、服务态度满意度、服务技能满意度等。

4. 维权服务类

这包括办税公开满意度、执法情况满意度、投诉处理满意度、救济服务满意度、廉洁自律满意度等。

5. 信用等级类

这包括等级评定满意度、等级管理满意度等。税务机关开展纳税人满意度调查时，应当一并调查纳税服务需求状况，了解纳税人对涉税信息支持服务、征纳沟通方式、咨询培训辅导、办税服务以及权益保障等各类服务的需求。

（三）第三方独立调查

委托具有专业资质的调查机构、科研机构或专业咨询公司等第三方，对纳税服务质量独立进行全面科学评价。独立调查采取问卷调查和实地暗访检查相结合的方式，通过分层抽样，获取不同类型纳税人和社会各界对纳税服务状况的评价。

第三方独立调查内容以纳税服务质量状况为主，主要包括总体服务质量、分类服务项目、各环节服务质量调查以及服务意见建议等。

（四）考评结果统计

考核评价结果采取百分制统计，各类考核评价方式结果所占比重建议如下：

（1）三种考评方式同时开展的年度，考评委对下级税务机关的内部考核结果占考评总分的40%；纳税人外部评价结果占考评总分的30%；第三方调查结果占考评总分的30%。

（2）仅开展考评委内部考核和纳税人外部评价的年度，考评委内部考核结果与纳税人外部评价结果各占考评总分的50%。

此次调研为期一周，对县级税务局的纳税服务绩效评价体系进行了较系统深入的了解。纳税服务绩效评价体系建设是在新时期纳税服务转型工作中的一项重要任务，该体系建设是否科学、配套、合理，要靠以后的实际工作来对其进行验证，在验证的过程中我们一定会面临新的问题和困难，这就要求我们的干部在工作中不断积累经验和教训，及时改正工作中的不足，发现工作中可以改进的地方，只有这样才能使我们的纳税服务工作不断迈上新的台阶。

五、考评体系实施中值得注意的几个问题

1. 在市、县（区）局成立专门的纳税服务考核评价委员会

其主要职责是：组织开展本级部门纳税服务考核评价工作；监督、指导下级单位纳税服务考核评价工作；总结评价纳税服务工作开展情况，制定工作改进措施。

2. 制定《纳税服务考核评价实施细则》

该细则系统地明确纳税服务考核评价的宗旨、对象、内容、原则和考评周期。考核评价主要由内部评价、外部评价和第三方（专家）评价共同组成，纳税服务评价的最终结果要以三方评价的综合结果为参照。

3. 对每项指标量化其分值，对不能直接量化的指标要进行科学的转化

比如采用5级赋值量表的方法，即对满意、较满意、一般、较不满意和不满意5级，相应赋值为5、4、3、2、1。在确定权重时，利用德菲尔打分法的原理，使调查和评议相结合，运用统计学的方法汇总测算，确定各项指标所占的不同权重。

4. 纳税服务要在直接面对纳税人的岗位上，有明确的满意度信息评价

考核评价要贯穿于税前—税中—税后，使纳税服务考核评价体系真正成为促进纳税服务的重要措施。

5. 考核工作重要的一项是公开考评结果，并根据考评结果奖优罚劣

要加强纳税服务评价成果应用转化。对评价结果进行分析研究，总结经验，查出问题，分析原因，制定措施，切实整改，确保纳税服务质量和水平不断提高。

第一节　正确处理税收管理与服务的关系

近年来，各级税务机关围绕管理与服务关系这一问题在理论上有过不少讨论，在实践上也进行过一些探索。比如，有人把近几年税务机关执法理念和征管模式的转变概括为从监督打击型向管理服务型的转变；有人提出要建立"服务型税务机关"。国际货币基金组织（IMF）专家曾对江苏省淮安市国家税务局的流程再造项目进行了考察评估，并对淮安经验给予充分肯定，认为"这一税收管理改革已经降低了税收成本，改善了服务，提高了依法纳税的水平"。但在对这项改革向全国推广提出建议时，他们做了如下表述"本代表团注意到，尽管我们访问的各省都明确地拥护为纳税人提供良好服务的概念，但也有明显的迹象表示，对纳税人的总体组织方式仍然主要建立在缺乏信任的基础上，而不是建立在促进其自愿地依法纳税的基础上。例如，许多程序（如新的纳税人登记、增值税退税和发票管理）建立在完成了对纳税人状况的全部核实和审查的基础上，这实际上是假定纳税人将会出现差错，因此需要在每一项案例中确认其提供的所有信息。与此相对照，在一项以自愿依法纳税为基础的系统中（实际上所有先进的税务机构都是如此），指导原则将是假定纳税人正在提供准确的信息，只有在特殊情况下才需要核实。当然，这是一个超出了那些实施这一试点项目的人员的权限的问题，但在全面推广这一试点项目之前，这是一个应该在国家层次上考虑的重要问题，因为它极大地限制了可能实现的效率。"如果说，基层同志提出的管理与服务的关系，还属于微观和操作层面，那么（IMF）专家提出的问题，就已经涉及宏观和战略层面了。

上述这些讨论和实践，已经给我们提出了不少问题。比如，如何认识和评价前几年我国税务系统管理与服务的状况，目前我国提出"建立服务型税务机关"的口号是否合适，如何认识税收为经济服务、税务机关为纳税人服务，国际上先进的治税理念（指导原则）是什么，对纳税人自行申报的情况应做出何种假定，并以何种限定作为税务机关进行流程再造、机构重组的前提等。概括起来，主要应对以下三个问题进行思考：

一、树立科学、先进的管理理念

（一）客户关系管理

为了便于理解和讨论问题，我们先从英国国内收入局引入客户关系管理理念改进纳税服务的实例说起。据国家税务总局赴英高级研讨班的报告，21世纪初期，英国国内收入局正在实现由国家管理机关向国家服务机关的转变，即以纳税人需求为己任。纳税服务的目的十分明确，主要是为了提高纳税遵从度，同时节约税收征纳成本。根据布莱尔政府提出的公共部门改革的战略目标，在纳税服务中引入了客户关系管理的理念，并以此为先导，推动了税务组织结构和业务流程的重组和创新，同时带来了税收文化的重大转变。

客户关系管理的理念源自于20世纪80年代美国企业管理的变革，其内涵为客户是企业的上帝，企业如想在激烈的竞争中赢得市场份额，就必须按照客户的需要来提供人性化服务，并以客户为中心，依托现代信息技术，对企业的组织结构和业务流程进行重构或再造。客户关系管理的内容，有三个方面：一是按照客户的需要设计各种服务；二是减少低价值接触；三是充分有效地运用企业的资源。

英国国内收入局从2000年起，在纳税服务中引入了客户关系管理的理念，并结合其同时承担政府税式支出等项工作的实际，赋予这一理念以新的内涵，主要体现在三个方面：一是国内收入局服务的对象发生变化，过去仅仅为纳税人，但从2000年起，纳税人在承担纳税义务的同时，还可依据政府税式支出的安排，拥有法定的税收抵免及儿童津贴等项权益。因此，税务组织体系和业务流程的设计，以及人力资源的配置，必须围绕着客户的需要来进行。二是在评价税务组织及税收管理方式的绩效时，应综合考量税收征收总量、政府政策效应、征纳双方的税收成本、公民对英国的贡献等因素，以便从开始就对税务组织形式、税收业务流程以及人力资源配置等作出正确的评估和选择，以减少资源的浪费和损失。三是有效利用国内收入局的资源，并通过日常税务管理，实现国内收入局和客户资源利用效率的最大化。

（二）大企业管理

由于大企业具有数量少、经营活动复杂、税收收入比重大、需要提供专业性较强的纳税服务等特征，英国国内收入局设立了大企业管理机构，并采取集中内部高层次税务管理人才等方式，为大企业提供高水准、专业化的税务管理和服务。该机构具有以下特点：一是大企业管理机构按行业划分客户管理范围，并在业务上由设在伦敦的大企业管理局实行垂直管理；二是合并纳税申报及纳税遵从业务流程，为大企业提供全方位服务；三是大企业的税务审计范围，根据可用税务资源，有重点、有选择地确定；四是定期与企业交流，建立大企业联络员制度，由专人与大企业保持联系，了解大企业的生产经营情况和纳税服务需求，及时为大企业提供优质服务；五是大企业管理机构成立后，工作效率高，成本低，审计税收收入大幅度增加。

（三）税务组织结构及业务流程的重组

英国国内收入局为了实现上述目标，明确提出要把国内收入局变成以客户为中心的税务组织，并据此对内部组织结构及业务流程进行了重组，主要有两方面内容：一是根据客户申报纳税的需要，在总部设立了纳税遵从部和市场交流部，在地区局设立了 23 个客户练习中心、客户咨询中心，并单独组建了 12 个大企业管理局和若干个企业支持团队。二是本着方便客户的原则，对税收业务流程进行了再造，通过组织结构及业务流程的重组，建立了比较健全的纳税服务体系，同时通过加强内部的协调与配合，提高了纳税服务的质量和效率，纳税人对此比较满意，纳税遵从意识和能力有了较大提高，收到了既节约税收成本，又方便纳税人，同时还增加税收收入的多赢效果。

（四）税收文化的转变

英国国内收入局引入客户关系管理理念及建立纳税服务体系的过程，对国内收入局传统的税收文化及治税思想产生了强烈冲击，部分税务官员在这一过程开始时，有些不适应。针对这一新情况，国内收入局的决策层非常理解和重视，采取多种形式，对各个级别的税务官员进行教育和培训，以帮助税务官员尽快转变观念，提高综合素质和专业技能，并在此基础上，根据税务组织结构的调整和税收业务流程的变化，对现有的人力资源进行合理配置，以最大限度地调动税务官员的积极性，进一步提高国内收入局的服务质量和效率。

英国国内收入局的以上情况，使我们对税收管理与服务的观察有了一些新的视角，要求我们更加全面、正确地理解管理与服务的概念，管理与服务的概念有宏观与微观、广义与狭义、抽象与具体之分。所谓宏观、广义、抽象的管理与服务，是指在市场经济的条件下，从经济学、管理学的角度来认识整个国家、政府的公共职能。按照公共管理的理论，纯粹的公共部门即政府，其职能是对社会公共事务进行管理，并为社会提供公共物品和公共服务，比如，稳固的国防、公平的收入分配、有效率的政府或制度、环境保护、基础研究，当然也应包括税务部门依法治税、为纳税人创造公平竞争的环境等。综上所述，可以这样认为，在市场经济条件下，政府的公共管理和公共服务实际上都是在向纳税人和广大民众提供公共物品，税收则是人们为享受公共物品而支付的价格。正是基于上述公共管理理论，英、美等发达国家进一步引入了客户关系管理理念，并以此为指导相继进行了政府改革，比如，英国政府开展的"公民宪章运动"、美国政府开展的"政府再造工程"等，其主要目的是改变传统上政府的权威心态和政府为尊的状况，从以统治民众为核心的政治观念转向以服务民众为核心的治政观念。由此看来，管理与服务在政府职能方面的宏观概念和在税收征管工作中的微观概念是不应混淆的。在宏观层面，政府的公共管理与公共服务都是向社会提供公共物品，从这个意义上讲"从管理型机关向服务型机关转变"，是可以理解的，它不仅是政府职能转变的方向，也是税务机关职能转变的方向。英国国内收入局在这方面已经给我们做出了榜样，有以下几条经验值得我们借鉴：一是纳税服务体系的建设要有战略眼光，同时要保持组织目标与纳税服务体系的一致性；二是我国大企业国际化的趋势已经形成，宜在适当的时机结合我国国情，研究建立大企业服务管理机构的问题，以集中有限的高级税务人才，为大企业提供专门化的服务；三是纳税服务模式的选择，要考虑征纳双方的税收成本，并最大限度地配置好现有的税务资源；四是纳税服务网络要依托现代信息技术，实现信息资源共享，并按方便客户办税的顺序设计业务流程；五是优化纳税服务的重点是纳税诚信较好的纳税人，对少数纳税遵从意识差，甚至有意偷税逃税的人，则集中精兵强将，进行税收检查，并依据相关的法律规定进行处罚。从微观层面看，税收征管工作中管理与服务的概念，则是指税务机关依照税法及相关法律法规履行的权利和义务。如果仅从这个意义上讲"从管理型机关向服务型机关转变"，就容易产生歧义，甚至在实际工作中还可能出现重管理轻服务或者重服务轻管理的偏差。

综上所述，我们与国际上先进的税收管理理念和实践相比，还存在一定差距，尤其是在为纳税人服务方面。在新的历史时期，我们的治税思想、税收征管的业务流程和组织机构重组的目标、前提、税务文化等，能否学习、借鉴国外的先进管理理念和经验，确实是值得我们深思的重大战略问题。当然，我们在学习和借鉴国外经验时，决不能照搬照套，而应充分考虑我国的国情，尤其要考虑我国公民的纳税意识、法制环境、社会诚信水平、税制状况、税收征管手段及金融监管能力。在学习、借鉴的步骤上也应循序渐进。

二、梳理管理与服务并重的思想

我们可以先看看美国国内收入局治税理念的"三次变脸"。自克林顿执政时期就任美国国内收入局（IRS）局长的玛格瑞特·米尔纳算起，到查尔斯·罗索蒂和继任局长马克·埃弗森，三任局长在治税理念上发生三次"变脸"，即从"严厉管理型"到"服务遵从型"，又从"服务遵从型"转变为以"严厉管理型为主、兼顾周全服务型"，沿着税收管理与服务不同的着力点，走出了一条"马鞍形"变化的轨迹。

第44任IRS局长米尔纳在任期间，采取各种手段严厉打击偷逃骗税，让国民实实在在感受到"税收与死亡同样不可避免"，致使税收控管日益严密，财政收入不断增长。但在其任职后期受到美国上下的猛烈攻击，认为该局滥用职权，技术使用不当，纳税服务质量差，侵犯纳税人权利，不能依法履行既定程序，不适当使用了强制手段等。因此，美国国会通过了IRS重组和改革法案，把"帮助纳税人了解和履行他们的纳税责任，并使税法公平地适用所有纳税人，以给美国纳税人提供最高质量的服务"作为IRS的新使命。

第45任IRS局长罗索蒂上任后，迫于舆论压力加之财政状况日趋好转，制定了服务遵从型的工作思路：一方面减少对纳税人的检查与审计，试图改变美国民众对IRS严厉粗暴的印象；另一方面加大信息化建设力度，改善服务环境，为纳税人提供方便快捷的服务，进而增强纳税人的遵从度。经过几年的实践，果然得到了广大纳税人的认可，但税收审计率和税案举报量大幅下降，欠税和逃税现象日增。据统计，1997年个人所得税的审计率为1/78，2002年下降到1/200，达到历史最低点；1993年税收案件举报量为1 064件，2002年降到512件；1997年查证有罪的税案为2 147件，2002年下降到1 310件。全美国已经确定的欠税有60%没有征上来，不申报纳税者有75%未受到处罚，恶意避税者有79%没受到追查。财政部估计，美国纳税人只缴了86%的应纳税款，到罗索蒂离任之前，IRS应征未征的税款总额达到3 000亿美元，可以抵消2003年联邦预算赤字4 000亿美元的3/4。有人批评IRS"士气低落，无精打采"，为不法分子提供了机会；参议院财经委员会主席格雷斯里甚至说："国内收入局成了一只不叫的狗。"可以说，罗索蒂是带着成功与遗憾离任的。一方面，他任期内信息化建设达到很高的水平，为纳税人提供了方便快捷的良好服务；另一方面，在税收征管上却效率低下，纳税人的纳税遵从度大大降低，逃税欠税现象严重。

2003年年初，埃弗森走马上任成为IRS第46任局长。不久他宣布对内部机构进行调整，充实关键部门的力量，以保证在维护纳税人权益的同时，加强税法的执行力度。他强调，IRS将采取强制措施，严厉打击逃税欠税和其他税收欺骗行为，甩掉效率低下、执法不力的名声，把过于"慈祥"的脸严肃起来，致力于通过严格执法来提高纳税人的纳税遵从度。首先，改组内部机构，重点强化对纳税人的管理。其次，加强调查和审计，在对小企业和个体经营者加强征管的同时，对高收入者和大公司的审计以及对会计公司和法律顾问公司的管理，亦进一步得到加强。再次，要求增加经费，认为IRS执法不力的一个重要原因是经费缺乏，要求国会在每年预算经费100亿美元的基础上增加拨款2.48亿美元，新增拨款将主要用于对高收入者的审计上。最后，在打击非法避税方面，实现了IRS与40个州、一个特区税务部门的信息共享，联手行动。

埃弗森的主张和思路得到了美国政府的支持。从客观上看，美国政府的财政形势发生了变化，联邦赤字大幅增加、布什大规模减税以及反恐战争将给财政带来很大压力，从而使政府需要征上每一分应征税款。这就为IRS变脸创造了有利的外部环境，使其能在以后的几年中加强税法的执行力度，而不会遇到来自政府的阻力。在充满信心加大打击力度的同时，埃弗森也承认打击逃税是一项艰苦的工作，因为各种非法避税手段"呈爆炸性增长"，逃税者尽力掩盖幕后的东西，要确定幕后到底有什么诡计非常困难，而且还可能面对来自各方的压力。当然，埃弗森已从前两任局长的深刻教训中变得精明，认识到了管理与服务兼顾的重要性，他在强化执法力度、打击偷逃骗税的同时，推出了纳税人享受免费在线申报纳税等新举措，减轻纳税人申报负担、提高工作效率、减少税务腐败环节，防止偷逃骗税发生。

从以上实例不难看出，在税收征管工作中，管理与服务是一个对立统一体，既相互矛盾又相互依存。其一，从税收的法律关系上看。在《税收征管法》中，税法规定的税务机关拥有的权利，就是纳税人应履行的义务；同样，税法赋予纳税人的权利，就是税务机关应承担的责任和义务。其二，从税务机关和纳税人的共同利益上看。国富民强、建设小康社会是税务机关和纳税人共同追求的总目标。为此，税务机关要依法治税、从严治队，希望纳税人依法诚信纳税，提高税法的遵从度；纳税人则最需要税务机关执法的公正严明、税法宣传的及时到位、办税服务的简便高效等。可见，税务机关严格公正的执法、营造公平有序的市场竞争环境，既是自身追求的目标，也是对纳税人最好的服务。其三，从税收征管的实际工作看。管理与服务存在着目的的同一性和手段的差异性。要正确处理好管理与服务的关系，就要特别强调管理与服务并重，切忌以一种倾向掩盖另一种倾向。如在强调优化纳税服务时，往往容易使纳税服务表面化、简单化，为服务而服务，偏离正确的方向，甚至弱化税收监管，放松税收执法；在强调严格管理时，又容易忽视征纳双方平等的法律地位，忽视税务机关必须履行的纳税服务义务，甚至出现滥用征管职权和执法手段、侵犯纳税人权利等问题。美国国内收入局三任局长上任伊始都宣誓：完善服务措施、加强执法力度等，但前两任局长的实践结果显然是有违初衷，出现了"马鞍形"变化的震荡。这充分说明，即使是在公民纳税意识普遍较强的发达市场经济国家，严格的税收管理和优质的纳税服务二者也是不可偏废的。从这个意义上讲，在一段时间内，我们不必口头上标榜要做什么"服务型税务机关"，不必用"监督打击型"或"管理服务型"去描述某种转变，也没必要去频繁地调整税务机构（在属地管理的情况下，通过上下级税务机关的联动等方法，加强对大企业的管理与服务也是可以做好的），最重要的还是在实际工作中，辩证地处理好管理与服务的关系，做到管理与服务并重，扎扎实实地履行好税法赋予的法定权利和义务。

三、向科学化、专业化、精细化的方向深入发展

这里仍以两例为据。一个是美国警察的"零容忍"政策和"破窗理论"。所谓"零容忍"政策，是美国警察在具体执法活动中贯彻的一种政策。其核心意思就是要对各种反社会的行为和犯罪采取严厉打击的态度，哪怕是对轻微的违法，也要毫不犹豫、决不妥协地进行彻底的斗争。"零容忍"的观点认为，相对于犯罪的实际发生来说，受到犯罪侵害的恐惧对犯罪高发率的担忧本身，也是同样重要的问题，

像强行乞讨、毁坏公物、酗酒、在公共场所胡乱涂鸦、违章驾驶等各种影响社会生活质量的轻微犯罪和街头犯罪，不仅直接刺激人们产生对于犯罪的恐惧感和忧虑感，同时也经常直接成为暴力犯罪和其他恶性犯罪的导火索。"零容忍"政策因此主张税务工作应当以强硬的姿态和积极主动的策略，扫荡一切影响税收征管质量的轻微犯罪，认为这种策略将使各种潜在的犯罪分子明白税务机关的态度，不敢为所欲为，同时，也减少了人们对犯罪的恐惧感和忧虑感。

"零容忍"政策的理论根据主要来源于两个方面：首先，警务工作者对工作实践的总结为这个政策提供了经验依据。其次，美国政治家詹姆斯·Q. 威尔逊（James Q. Wilson）和犯罪学家乔治·L. 凯琳（George L. Kelling）提出的"破窗理论"（Broken Windows Theory），为此提供了理论根据和强有力地学术支持。"破窗理论"的基本思想是：如果社区中有一栋建筑的一扇窗户遭到破坏而无人修理，那么，肇事者就会误认为整栋建筑都无人管理，从而就得到了自己可以任意进行破坏的某种暗示，久而久之，这些破窗户就会给人造成一种社会无秩序的感觉，结果，在社会公众麻木不仁的氛围中，犯罪就会滋生起来。

另一个是浙江大学学者对该校某专业二年级本科生进行的"纳税意识"问卷调查。在他们调查的几个逃税影响因素重要程度排序中，排名第一的是税率，即税率的高低是决定纳税人逃税意愿的首要因素，排名第二的是政府信用，排名第三的是纳税信用。它们的重要性甚至超过了税务机关的检查率、惩罚率和遵从成本。税率居排行榜首毫不奇怪。当政府信用和个人纳税信用紧随其后登第二位和第三位时有些让人惊讶。调查者对此的解释有三个方面：一是高校学生受到各种媒体舆论和思潮的影响最大，而国内目前的政治民主进程和社会信用体系建设也正如火如荼地进行着，在网络、报纸、广播、电视等各种媒体的信息轰炸下，高校学生极易接受政府公共服务论和市场经济的信用价值论，也会将之作为生活中的重要因素考虑；二是高校学生毕竟没有真正跨入社会，经济因素的考虑于他们而言也许并不真切，因此可能在某种程度上忽略一些经济性的因素；三是高校学生群体的人际关系比较单纯，从众心理等仅仅局限在校园内，还未正式认同"纳税人"这一身份，也有可能低估此类因素对逃税决策的影响。从以上分析中，调查者认为，要赢得一个较高的公民纳税意识和遵从水平，最关键的便是强化政府的信用，即当政府决定税款用途时应更多地听取纳税人意见，运用税款提供的公共服务越多，在征税过程中更多地与纳税人沟通，就越能让纳税人觉得"物有所值"，纳税意愿也会增强。另外，个人纳税信用体系的建立又可以通过对不履行纳税义务的人进行惩罚来对潜在逃税人进行影响和教育，从而强化其纳税意识。当然还有一些重要的配合工作是必须完成的，比如减少纳税人的遵从成本，使纳税人可以用较少的时间和精力更容易地进行纳税申报等。

以上两个例子给了我们这样的启示：提高纳税遵从度，必须从严格管理和优质服务两个方面下深功夫、细功夫。也就是说，一般的税收管理（包括不严格的税务稽查），是不足以对涉税违法分子产生震慑和对遵纪守法者予以保护的。只有按照美国警察提出的"零容忍"政策和"破窗理论"，对轻微的涉税犯罪也不轻易放过，而是以强硬的姿态和积极主动的策略，去严格实施检查和处罚，才能使涉税犯罪得以有效遏制和预防。

从浙江大学的调查中不难看出随着我国经济社会法制化、市场化、民主化进程的加快，广大纳税人以及公民的法律意识、民主意识、维权意识不断增强，因此提高全社会的依法纳税意识和税法遵从度，仅靠传统的、表面的税法宣传教育是难以奏效的。我们必须把纳税服务作为一个系统工程，按照科学化、专业化、精细化的要求，使之从表面走向深化，从单一走向全面。比如，要全面理解和把握客户关系管理（顾客导向）等先进管理理念，既要为外部顾客（纳税人）服好务，也不能忽略为内部顾客（广大税务干部、职工）的服务。从某种意义上讲，上级税务机关为下级税务机关和广大基层税务干部、职工服好务，基层税务机关和广大税务工作者才能更好地为纳税人提供优质的服务。又比如，用客户关系管理（客户导向）理念指导税务机关逐步调整和完善业务流程和组织结构，在确保税款及时足额入库的前提下，尽量简化办税程序，为纳税人纳税提供便利，降低征纳成本；加快税收管理信息化建设，提高办税的效率和质量；加强税务机关的内部管理和提高税务人员的综合素质。再比如，在税法制定和修订过程中应加强与民众的沟通，增强税收立法的科学化、民主化；在税法知识的普及和宣传中，除改进形式、方法外，应增加对政府用税（取之于民、用之于民）方面的宣传，同时，应将税法宣传与办税辅导作为税收征管的首道环节，并加大资源投入；加快社会诚信体系和纳税信用体系的建设。通过系统的严格管理与优质服务，促进我国税收征收率和税法遵从度的提高以及征纳成本的降低。

第二节　客户关系管理与管理服务型税务机关

20世纪80年代以来，国外许多先进的新理念、新理论和新方法，大量涌入我国，带来了巨大影响，譬如客户关系管理、学习型组织等。当前，税务界讨论的主流话题"管理服务型税务机关"，追根溯源，其理论渊源便来自于"客户关系管理"。因此，全面了解、把握"客户关系管理"的内涵，对于当今建设"管理服务型税务机关"有着重要的参考价值。

一、客户关系管理

（一）什么是客户关系管理

客户关系管理，是英文 Customer Relationship Management 的汉译。对于它的概念，有的认为它是一套营销理念，有的又认为它是一套管理方法，更有甚者还认为它是一种软件（CRM）等，众说纷纭。

依据当前主流观点，客户关系管理是指企业如想在激烈的市场竞争中赢得更多的市场份额，就需树立以客户为中心的理念，按照客户的需要来提供人性化服务，并以此理念，对企业的经营策略、业务流程、组织结构等，进行相应的重构或再造。

客户关系管理的内涵有两方面：一方面强调企业树立以顾客为中心的经营哲学；另一方面要求企业围绕顾客的需求建立与之相应的管理模式，譬如减少低价值接触、业务流程重组、降低营业成本、有效应用企业资源等。可见，它不是单纯的一套管理理论，也不是单纯的一种管理手段，而是二者的统一。事实上，光有管理理念，没有相应的管理模式，那是空中楼阁；只建管理模式，没有树立理念，到头来也只会是无源之水、无本之木。认识到这点，有助于深层次理解管理服务型税务机关的内涵。

（二）客户关系管理的产生与发展

客户关系管理源自于20世纪80年代美国企业管理的变革。当时，企业寄希望于通过改进技术、压缩生产周期来提高营业额和利润率，但提升空间有限。在这种情况下，企业便开始从传统的以产品、以市场为中心的商业模式转向了以客户为中心的新型商业模式，客户关系管理便应运而生。

20世纪90年代起，随着新技术和互联网技术的发展，许多著名软件公司（如SAP，PeopleSoft等）都推出了所谓的客户关系管理软件（CRM），这一软件极大地方便了企业对客户资料的管理与应用，是管理手段的巨大进步。以至于有的人便简单地认为"客户关系管理"是建立在信息技术平台上，旨在健全、改善企业与客户之间关系的新型管理系统，如同财务软件一样，买回来就可以用，从而片面地理解了它的内涵。事实上，无论"客户关系管理软件（CRM）"是多么的先进、完善，它也只是一种工具，永远也不可能替代客户关系管理作为一种思想、一种以客户为中心的管理理念这一特征，也不可能代表管理模式本身。没有树立以客户为中心的管理理念，就不可能在真正意义上建立起以客户需求为导向的管理模式，这也正是许多企业即使花费了重金购买、开发客户关系管理软件（CRM），也难逃失败命运的缘由所在。

认识到这点，对于管理服务型税务机关的理解和建设，具有极其重要的参考价值。其参考价值在于是否树立以纳税人为己任的治税观念，对于建立以纳税人需求为导向的征管模式具有举足轻重的意义，是税务机关能否从"监督打击型"转变为"管理服务型"的关键所在。

（三）客户关系管理的影响

客户关系管理产生于企业管理的变革中，但它的影响却不仅仅局限于企业，还深深地影响到了政府的施政理念。从企业角度看，在企业管理中，受它的影响，企业树立了以客户为中心的理念，并以客户需求为导向，构筑起了相应的管理模式，通过信息共享和优化商业流程有效地降低了企业经营成本，提高了企业收益和客户满意度，形成了一种以客户为中心的商业哲学和企业文化。从政府角度看，自20世纪90年代开始，许多国家进一步引入了客户关系管理，并以此为指导相继进行了政府改革，形成了一种世界性的潮流。其中最著名的大规模改革包括英国政府的"公民宪章运动"，倡导施行公共管理的顾客导向（Custamer Oriention）；美国政府的"再造政府工程"（Reinventing Goverment），并于1994年9月20日颁布了《顾客至上：服务美国民众的标准》，明确提出建立顾客至上的政府；欧洲共同体会员国的"公共服务革新"（OECD，1987）；加拿大政府的"公共服务2000年计划"（Publc Serice 2000）等，其目的均在于实现从传统的以统治民众为核心的政治理念向以服务民众为核心的政治理念的转变，并相应地更新政府组织结构、优化政府办公流程，重塑政府在公众中的形象。

二、客户关系管理的导入

"他山之石，可以攻玉。"随着改革开放的深入，客户关系管理理念导入我国，对政治、经济等领域产生了深远影响。它是"服务型政府"的理论渊源之一，亦是"管理服务型税务机关"的理论渊源之一。

从政府角度看。政府在向十届人大第三次会议所作的工作报告中，提出了建设"服务型政府"，经人大批准，建设"服务型政府"已经上升为国家意志，成为了政府职能转变的任务和目标。"服务型政府"的提出，实际上仿效、借鉴的是国外的"政府再造工程"，而"政府再造工程"的理论和实践都深受"客户关系管理"的影响。

从税务机关角度看。从1994年建立纳税人申报、税务代理、税务稽查"三位一体"的税收征管格局，到1997年开始在全国推行"以纳税申报和优质服务为基础，以计算机网络为依托，集中征收、重点稽查"的税收征管模式，再到如今"管理服务型税务机关"的提出，我们可以清楚地看到伴随着政府从管制型向服务型的转变，税务机关的执法理念和征管模式也由监督打击型向管理服务型转变。而这一脉络也是客户关系管理在税务部门从无到有、从模糊到明晰的体现。因此，全面、系统也了解客户关系管理，有助于我们对"管理服务型税务机关"的理解和掌握。这种理解和掌握，对于当今"管理服务型税务机关"的建设，有所裨益。

三、管理服务型税务机关

参照客户关系管理内涵，我们可以将"管理服务型税务机关"理解成是指税务机关为了进一步提高税款征收效率，转变传统的治税理念，对现有的税务组织形式、税收业务流程等进行相应重组。它亦有两方面蕴含：一方面，要求税务机关树立起顾客导向型纳税服务意识，以纳税人的需求为己任，提供人性化服务；另一方面，围绕这一理念，更新、构建与之相适应的征收管理模式。前者属于管理理念范畴，后者属于管理模式范畴，具体分析如下：

（一）转变治税理念

观念是行动的先导。对于税务机关来说，建设管理服务型税务机关，首先要对税收管理和对纳税人的看法上进行重新认识和定位。

1. 树立客户意识

管理服务型税务机关对纳税人的定位是客户。客户关系管理中的客户，有外部客户和内部客户之分。对于税务机关而言，外部客户指纳税人，内部客户指广大的税务干部、职工。在此，主要针对外部客户（纳税人）进行论述。

依据公共管理理论，政府是纯粹的公共部门，其职能是对社会公共事务进行管理，并为社会提供公共物品和公共服务，诸如稳固的国防、公平的收入分配、有效率的政府或制度、社会秩序等。从这个角度看，政府与纳税人的关系是一种客户关系。政府向包括纳税人在内的广大民众提供公共产品，纳税人缴税便是"购买"国家的这种公共产品，税负的多少便可视为人们为享受公共产品而支付的价格。因此，对于"收银员"税务机关来说，纳税人就是客户。

然而，传统上我们并没有把纳税人视为客户，反而是把他们看成是打击、防范、监督的对象。对纳税人看法上的不同，正是"监督打击型税务机关"与"管理服务型税务机关"的根本区别所在。因此，建设"管理服务型税务机关"，首先在于转变对纳税人的传统观念。改变以往注重对纳税人防范、检查和惩罚的观念，相信绝大多数纳税人能够依法申报纳税，履行税收义务。从基本上不相信纳税人转变成相信纳税人；从征纳双方彼此博弈转变为相互信任；从假定纳税人为税收违法者转变为视纳税人为顾客。

2. 树立服务意识

管理服务型税务机关视纳税人为顾客，故树立服务意识是不言自明的，而传统的监督打击型税务机关对纳税人缺乏服务意识。在此，需要指出的是，在大力倡导为纳税人服务的同时，我们也应该对"服务"有一个全面的认识和把握。

（1）监督打击型税务机关欠缺服务意识。由于我国传统的税收征管是以组织税收收入为中心，以完成税收任务为目标，强调征纳之间的管理与被管理关系，从征税的角度考虑得多，从纳税人的角度考虑得少。这一传统税收管理方式的局限性主要体现在对征纳关系的认识上。在与纳税人的接触中，先入为主地认为他们在实现其经济利益的过程中都有偷逃税款的倾向。因此，对他们缺乏基本的信任，总认为纳税人将会出现差错，需要我们随时管理、监督、防范，告诉纳税人该做什么以及怎样去做。正由于预先假定纳税人为税收违法者，主观认为他们随时准备偷、逃、骗税，因此，"监督打击型税务机关"对纳税人以监督、防范为主，过分强调"刚性"管理，忽视"柔性"服务，习惯于用对抗性的解决矛盾方法解决征纳间的问题，服务意识比较淡薄。

（2）管理服务型税务机关体现服务意识。对税务机关而言，既然视纳税人为顾客，为纳税人提供服务就是理所当然的，但我们应该准确掌握"服务"的内涵。管理服务型税务机关倡导的"服务"指的是纳税服务，即尊重、理解、关心纳税人，尽可能减少纳税人的纳税成本，为其纳税提供方便，使纳税人可以用较少的时间和精力，更容易地进行各项涉税事项的办理等。在实践中，有的把纳税服务简单等同于一张笑脸、一句问候、一杯热茶；有的把"依法治税"和"纳税服务"对立起来，认为宽松收税、政策放松就是服务；有的把服务和管理相隔离，认为彼此矛盾等。这些看法是对"服务"片面、错误的理解，容易陷入不是重管理轻服务，就是重服务轻管理的误区，我们必须以完整、全面的视角诠释和认识纳税服务的内涵。事实证明，单纯的税收强制无法让纳税人有较高的纳税遵从度，而单纯的纳税服务也不可能让纳税人自觉纳税。因此征收管理与纳税服务并不矛盾，二者不可偏废。但是要考虑到人们的观念多年来深受文化、传统等的影响，管理观念根深蒂固，服理理念远未树立，从这个角度来说，当前相对强调纳税服务是必要的。

因此，面对新形势下的税收征管工作，每个税务干部、职工都应树立积极的纳税服务理念，实现从被动式服务到主动式服务的转变、从浅层服务到深层服务的转变、从职业道德范畴的纳税服务到行政职责范围的纳税服务的转变，将纳税服务视为税务机关的基本职责，从而把服务理念和服务机制导入整个税收工作之中，建立起一种以新型公共管理思想为指导的税收征管新模式。

（二）更新征管模式

征管模式实质就是管理模式。管理模式是一个组织的管理机制，以及支持这一机制运行的各种规章制度，它能统一组织内部成员的行为，从而更好地体现其组织信奉的理念。客户关系管理要求企业围绕顾客的需求建立与之相应的管理模式。同理，管理服务型税务机关亦要求税务机关围绕纳税人的需求建立与之相应的征管模式，改变传统的"监督打击型"征管模式。

管理服务型征管模式的特点在于围绕"纳税人的需求"建立。对于"纳税人的需求"，从纳税人作为自然人和经济人两个角度进行分析。从自然人角度看，不管纳税人是个体，还是法人，与税务机关打交道的必然是活生生的自然人，他有思想、有感情、有人格，心理上有获得尊重和理解的需求；从经济人角度看，纳税人作为理性的经济人，必然考虑以最小的成本取得最大的利益，因此有节省纳税成本的需求。

相对而言，纳税人作为经济人的需求——节省纳税成本，对于管理服务型征管模式的影响较大。从某种意义上说，管理服务型征管模式就是围绕降低纳税成本中的弹性成本建立的。纳税成本有刚性与弹性之分。前者指上缴国家的税金，它由税法明文规定，税务机关与纳税人都只能执行，不能变更；后者指纳税人完成纳税行为所耗费的时间成本和人力成本，此类成本具有一定的弹性，故称为弹性纳税成本，如纳税人了解税务政策法规付出的成本、报税付出的成本、接受税务检查付出的成本等。对于纳税人来说，在"监督打击型"征管模式下，其弹性纳税成本支出是相当高的。

管理服务型税务机关的建立，就需要对传统的税收征管模式进行优化、更新，通过诸如简化办税程序、减少流转环节、简并表证单书、加强信息化建设、全面推行"纳税服务直通车制度"等方式，降低纳税成本，满足纳税人的需求。事实上，管理服务型征管模式，不仅能减少纳税成本，而且能降低征税成本。举例为证，2005 年 10 月 12 日，中央电视台新闻联播节目对江苏淮安市国家税务局的税收征管流程再造进行了专题报道，该局通过"流程再造"，办税环节从 200 个减少到 80 个，办税时间缩短了 60%，对纳税户调查、检查次数减少了一半，方便了纳税人的同时，又极大地降低了征税成本，效果明显。

综上所述，管理服务型税务机关对税务机关而言，降低了征税成本，保证了税款及时解缴入库；对纳税人而言，减少了纳税成本，提高了他们的满意度；对社会而言，有利于整体纳税遵从水平的提高，有利于良好税收环境的形成，从这个意义上讲，管理服务型税务机关的建设就是以人为本、构建和谐社会在税务领域的表现。

第三节 优化纳税服务 强化税源管理

随着我国税收征管改革的不断推进，"纳税服务"一词在税收征管领域的使用频率日益提高，然而，人们对于"纳税服务"的认知程度受种种因素的影响不尽一致，甚至差异较大。"纳税服务"对于税务机关工作而言，不仅仅需要观念上的确定与增强，更重要的是将其融入税收征管，使其成为税收征管运行机制的不可缺少的重要一环。税源管理、纳税服务是税务机关及税务人员肩负的神圣使命和应尽职责，正确处理好二者之间的关系，统筹兼顾，不断提高税源管理的质量和效率，优化纳税服务体系，打造"管理服务型"税务机关，更有利于推进税收事业又好又快发展。

一、税源管理与纳税服务的内涵及二者关系

税务机关实施税源管理的过程，从税务行政角度看，实质上是执法过程，税源管理就是税收执法。从这个视角出发，税源管理与纳税服务的关系，就演变为税收执法与纳税服务的关系。无论是税源管理还是税收执法，虽然其内涵与纳税服务不同，但其部门职责、工作目的、实施过程等与纳税服务具有高度的同质性和相关性。

（一）税源管理与纳税服务是税务机关的两大职责

税务机关具有行政执法和公共服务双重角色。作为国家执法部门，税务机关通

过提高税源管理的质量和效率，来全面落实国家税收法律法规，从而实现税收聚财等职能，是其行政角色或职责。作为国家公共服务部门，税务机关为纳税人提供服务即纳税服务，是其公共服务角色或职责。

（二）税源管理与纳税服务是对立统一体

税源管理质量和效率的提高，既可以为纳税人创造公平有序的市场竞争环境，也可以帮助纳税人依法纳税，避免税收风险，这本身就是纳税服务。优质高效的纳税服务，可以降低纳税人的纳税成本，提高纳税人对税法的遵从度，这是提高税源管理质量和效率的基础。只有认清税源管理和纳税服务的对立统一关系，把从严管理和热情服务结合起来，既把纳税人当作管理对象，又把纳税人当作服务对象，坚持服务与管理并重，才能做到在管理中服务，在服务中促进税源管理。税源管理的根本目的是为组织财政收入、为经济建设服务。纳税服务的目的是构建全方位、多层次、开放式的纳税服务体系，增强征纳双方的良性互动，促进纳税人依法纳税意识和能力的提高，营造一个法治、公平、文明、高效的税收环境，提高税收工作的质量和效率。税源管理和纳税服务的目标又是一致的。

（三）税源管理与纳税服务贯穿于税收征管工作全过程

以税收征管工作为载体，税源管理贯穿于税收基础管理、税款征收管理和税收检查各环节，纳税服务于各环节中提供信息服务、咨询服务、管理服务、援助服务，日常税收征管过程，既是税源管理的过程，又是纳税服务的过程，二者相互渗透、缺一不可。在依法治国和转变政府职能的大背景下，提高税源管理的质量和效率与提供优质的纳税服务对于税务机关而言，就如同硬币的两面，不可分离。

二、当前税源管理与纳税服务存在的问题

（一）对二者的内涵及其关系认识模糊

对税源管理和纳税服务内涵认识不清，把税源管理扩大到所有的税收征管工作或缩小到只关注重点税源，把纳税服务扩大到抵制依法治税或缩小到办税服务，这两种现象不同程度地存在于基层税务机关中。对税源管理与纳税服务的关系处理不当，顾此失彼，受过去长期强调国家行政执法机关权力和近年来强调纳税服务声音加大的影响，重管理轻服务的单纯权力观和片面强调纳税服务从而弱化管理力度的现象普遍存在。由于认识上的模糊，税务机关在"监督打击型"和"管理服务型"之间经常"变脸"，未能从一定高度确立日常税源管理和纳税服务的标杆和方向，基层税收收入告急或税源管理急待加强时，偏重强调严格执法，"监督打击型"应运而生，税收收入宽松或注重行业风气时，"管理服务型"取而代之。

（二）税源管理与纳税服务机制不健全

当前，税源管理与纳税服务的职责和要求并没有深入到税收征管工作的各个环节和全过程，基层税收管理员乃至机关科（室）的岗位职责不能得到很好的落实，税源管理部门和稽查部门的纳税服务弱化，过分强调办税服务，纳税服务体系构建不到位，纳税服务机构未理清，政务公开有待进一步推进，执法责任制、责任追究制度没得到有效落实。

（三）信息化程度低

就强化税源管理优化纳税服务而言，税务部门的信息化程度仍然显得很滞后，虽然税务部门信息化建设近年来有了长足的发展，目前税收管理的绝大部分业务都纳入了计算机管理，但税源基础数据质量不高，信息不能有效共享，"信息孤岛"现象大量存在，优化服务举措尚不完善，税收管理员平台、纳税评估软件尚不能满足基层要求。

（四）税务干部素质有待进一步提高

税源管理质量和效率的提高以及纳税服务的优化，需要高素质的税务干部队伍作保证。现有干部队伍整体素质难以保证上述目标的实现。目前，基层税务干部中工作不求上进、混日子的大有人在，政策性不强、征管程序不清、计算机水平低的比比皆是，甚至还有少数存在违法乱纪、贪赃枉法的现象。

三、强化税源管理优化纳税服务的对策

（一）确立"管理服务型"理念

上述分析告诉我们，"监督打击型"、"重管理轻服务型"或"重服务轻管理型"的做法，都与税源管理与纳税服务的内涵及其关系不合拍，现实中都存在不同程度的问题，都是不可取的。只有确立"管理服务型"理念，才能把税源管理与纳税服务融为一体，才能履行好税务机关的税源管理与纳税服务这两项神圣职责。"管理服务型"模式是以纳税人整体遵从为假定前提，强调税收征纳关系统一的一面。税务部门在执法的同时强调服务的功效，并以此为实现税收的主要手段。征纳双方在征纳过程中地位平等，共同推动税收实现。该模式并不否认征收税款是税务部门的职责，但与此同时纳税人的纳税成本受到关注，纳税人被视为服务行业中的顾客对待；税务部门扮演服务部门和执法部门的双重角色。

（二）完善管理与服务机制

税源管理与纳税服务两大体系的有效运行及功能的发挥，有赖于科学的机制作保障。要建立税源管理与纳税服务的监督机制，坚持政务公开，接受广大纳税人和全社会的监督；要健全岗位责任体系，按照定责定岗、职责明确的原则，将税源管理与纳税服务的职责和要求嵌入税收征管工作的各个环节；要全面落实责任追究制度，对税务人员在管理和服务中出现的问题特别是失职行为，实行严格的责任追究制度。

（三）提升信息化水平

众所周知，信息化水平的提升有利于税源管理质量的提高和纳税服务水平的提

升。当务之急是要加快整合国、地税信息共享平台，全力打造网上税务局，对内打造税源管理平台、税收管理员平台和纳税资料"一户式"电子存储平台，不断降低税收征纳成本和提高税源管理水平。与此同时，要加强税务干部的计算机技能培训，提高信息化运用水平。

（四）提高税务干部素质

"管理服务型"理念的征纳模式的实施，关键要看工作人员的素质。素质是多方面的，思想政治水平、道德伦理、业务能力等汇合形成个体的综合素质。要加强多方面的教育和培训，创造有效的教育培训载体和方式，建立培训的压力机制，将培训效果或税收管理员素质与其晋升、荣誉、物质等利益有效关联。要增强干部的责任心。管理学理论表明，个体的行为取决于其需要的满足，有效满足个体需要、强化其行为的过程便是激励。因此，税务机关必须坚持人本主义，区分不同的人员，以有效满足其物质、尊重、认可、实现自我的不同需要为代价，建立科学的激励机制，有效增强干部责任心。

第四节　优化纳税服务　提升税务稽查服务质量

税务稽查部门处在税收征管工作的一线，在建设服务型税务机关进程中，必须以"科学发展观"为指导，以"执法为民"作为税务稽查工作的根本出发点，强化服务意识，为纳税人提供优质、高效的公共服务，实现从"监督打击型"稽查向"服务执法型"稽查的转变。

一、税务稽查服务的内涵及特征

税务稽查是现行的"以纳税申报和优质服务为基础，以计算机网络为依托，集中征收，重点稽查"的税收征管模式中的重要组成部分，是国家向社会公众提供公共服务的重要经济职能部门之一。根据税收征收管理的特点，并参考经济学和公共管理学上的服务概念，税务稽查服务的内涵为税务稽查部门依据税收法律、行政法规的规定，在实施检查和处理过程中向纳税人提供的服务事项和措施。新形势下的税务稽查服务具有四个方面特征：

（一）职责的法定性

2001年全国人大常委会修订并重新颁布了《税收征管法》，第一次将包括检查在内的纳税服务确定为税务机关的法定职责，使过去属于职业道德范畴的税务稽查服务上升到了法制化层面。税务稽查服务是税务稽查部门依法应履行的职责和义务，是税务稽查行政行为的有机组成部分。

（二）效益的间接性

税务稽查服务是税务稽查部门无偿提供的公共产品，其根本目的是保障税收不流失，提高纳税人依法诚信纳税意识，促进税收征管质量和效率不断提高。可见，税务稽查服务的最大效益间接体现在税收环境的优化，征纳关系的和谐，纳税人税法遵从度的提高，进而堵塞征管漏洞，有效防范税收风险，保证税收收入稳定增长诸方面。

（三）权利义务的对等性

征纳双方的权利和义务是对等的。权利和义务是一个相辅相成的统一体，没有不讲权利的义务，也没有不讲义务的权利。税务稽查部门与纳税人既要严格履行各自的责任和义务，也要正确行使各自的权利。纳税人在依法履行纳税义务的同时，依法享有《税收征管法》赋予的各项权利。税务稽查部门享有国家赋予的税务检查和处理权力，同时也承担着依法向纳税人提供服务、保障纳税人合法权益的义务。

（四）内涵的层次性

税务稽查服务是以纳税需求为导向的，其内涵表现出多层性特征。以改善服务态度、优化环境等为主旨的微笑服务、文明服务是较浅层次的纳税服务；以降低纳税成本为要求的便捷、高效、经济的各种服务措施是较高层次的服务；以引导纳税人自觉遵从税收法律足额地申报纳税为目标的规范税收执法、促进全社会公平正义是一种深层次的服务。随着社会民主法制化程度日益提升和纳税人维权意识不断增强，税务稽查服务的重心不断由浅层面向深层面拓展。

二、创建稽查服务体系的基本要素

稽查纳税服务是一项综合性的工作。从纵向上看，贯穿于查前、查中、查后的稽查全过程；从横向上看，并列着稽查选案、检查、审理、执行四个环节和发票协查、举报管理等多个部门。为了科学合理地划分纳税服务内容和服务项目，更好地开展纳税服务，根据目前稽查局的工作实际，稽查纳税服务应包括四大体系：

（一）案源管理服务体系

案源管理岗位应根据计算机选案分析系统筛选结果，以及接受的公民举报、有关部门的转办、上级交办的案件等，科学合理制订检查计划和确定检查对象。除举报、转办、情报交换的案件和税收专项检查另有要求外，对同一纳税户原则上一年只检查一次。非法定原因，对 A 级纳税人两年内不进行日常检查。其服务的核心内涵是：按规范的程序科学选案，保证选案准确率在 80% 以上；避免人为扩大检查面，给大多数纳税人造成不必要的各方面负担。

（二）案件检（协）查服务体系

检（协）查员在实施检（协）查前应当向纳税人送达《税务检查通知书》，告知其检查内容和程序，并同时送达《纳税人权利与义务告知书》。检查时须由两人以上组成，并同时出具税务检查证，需要回避的按规定回避。检查过程中应充当

"三员"（检查员、宣传员、服务员）角色。与纳税人在有关涉税问题上意见不一致时，要区别不同情况做好税收政策解释工作。检查结束后，稽查人员要将初步检（协）查结果向纳税人说明、核对相关数字资料，并充分听取纳税人的陈述、申辩意见，如实随稽查报告记录上报。其服务的核心内涵是：按法定程序开展检查工作，不给纳税人造成额外的负担；切实当好"三大员"，面对面为纳税人提供文明优质的、廉洁无偿的服务；尊重纳税人法定的权利。

（三）案件审理服务体系

稽查案件应实行集体审理制度。经审理部门初审后，提请本级稽查局案件审理委员会会审处理结果，达到有关规定标准的案件，报请市（县）级案件审理委员会审理。各级审理时，要做好《审理记录》，切实维护纳税人的陈述、申辩权，保证处理过程和处理结果的公正、公开、公平。其服务的核心内涵是：以事实为依据，以法律为准绳；对所有纳税人一视同仁，审理结果达到"三公"；尊重纳税人的合法权益。

（四）案件执行服务体系

执行部门要采取适当方式，将《税务处理决定书》、《税务处罚决定书》在限期内及时送达纳税人。对纳税人因各种原因在决定书限定的最后一日仍未履行决定的，执行部门要以进户或电话等形式对其进行提醒服务，督促其自觉履行决定。纳税人符合条件且提出听证要求的，应依法按程序举行听证会。对依法需采取强制执行措施的，执行部门要遵照法定程序，不得违法操作而损害纳税人的合法权益。其服务的核心内涵是：按法定程序开展执行工作；积极主动搞好"提醒"服务；在执行过程中维护纳税人的合法权利和权益。

三、构建税务稽查服务体系的基本保障机制

（一）创建纳税服务基本制度

纳税服务基本制度应按照稽查各部门的职能和个性要求及综合要求来建立，包括：案源管理环节纳税服务制度、案件检查环节纳税服务制度、案件审理环节纳税服务制度、案件执行环节纳税服务制度、案件协查环节纳税服务制度、举报管理环节纳税服务制度，以及适用各个部门全体人员的稽查保密制度、公正执法制度、回避制度、监督考评制度等。诸制度的内容要以上述各部门服务的核心内涵和综合性服务宗旨来制定。

（二）岗责保障和机构保障

应根据国家税务总局《纳税服务工作规范（试行）》，结合稽查局案源管理、举报受理、检查、审理、执行、协查等岗位及综合要求，制定《稽查局纳税服务岗位（体系）标准及考核规范》。

稽查局应成立纳税服务领导小组。组长由局长、副组长由副局长、组员由各科

室主要负责人组成。其工作职责是：

（1）研究制订纳税服务体系建立的方案，确定本局的纳税服务品牌，修改和完善各项服务制度，制定本局纳税服务标准及相关的考核评议办法，完善相应的硬件设施。

（2）确定纳税服务体系实施内容、时间和方法。

（3）负责纳税服务体系的保障机制。

领导小组应下设纳税服务办公室。纳税服务办公室的基本职能是：

（1）贯彻落实税法和征管法以及上级关于纳税服务工作各项规定，指导、管理、组织、协调、实施稽查纳税服务工作。

（2）负责制定、完善稽查局总体纳税服务措施和稽查各岗位（体系）纳税服务标准（制度）及相关的考核评议办法。

（3）负责受理纳税服务举报投诉，接受意见和建议，并按规定转办、督办。

（4）负责本单位纳税服务的内部监督、评议、考核及过错追究。

（5）负责面向纳税大户的税法宣传、涉税咨询、纳税辅导培训的组织工作等。

（三）纳税服务监督保障

为保障稽查纳税服务工作贯彻到位，检查考核纳税服务标准和纳税服务制度的落实情况，考核评议除按已制定的《稽查局纳税服务岗位标准及考核规范》中量化的指标考核外，还要结合纳税服务制度的执行情况，以纳税人或第三方定期或不定期评议相结合的办法进行，并将纳税服务工作纳入目标管理考核范围。具体来讲，通过座谈会，向纳税人征求稽查纳税服务改进的意见和建议；建立稽查局长接待日制度，听取纳税人对纳税服务改进的意见和建议；通过委托统计调查机构或三方进行评议，加强对纳税服务客观性的考核；不定期走访纳税人，抽查纳税服务的深度与广度；将稽查纳税服务工作改进情况通报纳税人；将纳税服务考核考评情况并入年度目标管理考核等。

四、实行服务型分类稽查的方式

根据上级及政府部门的指示，实行能宽不严、能免不查的方针，有机结合企业的内外资性质、纳税信用等级、征收方式、纳税情况、违规记录、税负率大小等因素制定不同的标准，开展服务型稽查分类。

根据稽查实践要求，建议分为：免检服务型、辅导服务型、提醒服务型、警示服务型、评估服务型、审计服务型、协查服务型、打击服务型等稽查方式。

（一）免检服务型

服务对象为：纳税数额大（排名前50位）、纳税信誉高、社会责任强的企业；无历史违法记录、无上级交办情况、无确凿举报材料的企业；会计核算能力强、财务处理较好、内部管理健全的企业。

（二）辅导服务型

服务对象为：财务会计力量薄弱、会计处理能力不高、财务不够健全的企业。辅导如何正确处理会计、财务、税收核算，完善内部经营管理，挖掘内部潜力，避免因会计核算不当造成的损失，或客观造成偷税等状况，让企业的财务会计处理能力提高一个层次。

（三）提醒服务型

服务对象为：纳税意识不强、纳税申报不正常、纳税程序不规范、纳税资料不完整、纳税入库不及时等企业。通过检查其纳税状况，指出存在的不足，督促、提醒企业及时、完整、规范、足额地缴纳税款，提高企业自觉纳税意识，增加企业对税法的遵从度。

（四）警示服务型

服务对象为：纳税状况正常、税收负担率低于最低线或警戒线、销售收入同比明显下降的企业。警示企业要遵从国税部门的最低线或警戒线，纳税申报销售情况要符合实际，督促企业的最低线或警戒线有明显回升，提出具体的指标和数量，核实企业执行情况。

（五）评估服务型

服务对象为：规模、人员、能耗与销售、产值明显不符的企业。通过纳税评估模型的要求，结合定性检查的要求，剖析分解企业耗料、人员、能耗等指标匡算的产值和产值销售率的指标，指出企业销售与产出的差距，由企业解释、辩护、认可，达成一致意见，完成检查过程。

（六）审计服务型

服务对象为：主要是外资型企业。通过审计式检查，检查企业避税情况，进一步完善企业财务，掌握企业关联状况，积累企业经营资料，通过审计报告形式检查企业的纳税规范和遵从税法程度。

（七）协查服务型

服务对象为：对群众举报但资料不详、实情不明的纳税人，或发票嫌疑的企业。通过和税收管理部门的协查，妥善处理群众举报企业的纳税情况，适当核定企业税收，缓解社会矛盾和人民内部矛盾；对发票嫌疑的企业，通过协查，督促企业自报或健全财务、说明情况，整改提高纳税意识和规范财务处理。

（八）打击服务型

服务对象为：利用虚开增值税专用发票、虚假海关完税凭证、虚假申报销售、账外账、出口骗税等手段偷税、骗税的企业和个人。通过税警合作、严厉打击的手段，整治税收秩序，改善税收环境，维护社会稳定。

第五节　优化大企业纳税服务

2008 年年底，国家税务总局组建纳税服务司和大企业税收管理司，标志着大企业纳税服务管理的专业化。2009 年被定为"纳税服务年"，一切工作的展开都围绕"服务"这条主线进行，特别是大企业税收服务的品牌效应，亟待得到跨越性提升。应该在分析国内大企业税收服务现状的基础上，借鉴国外先进经验，创建适合国情的、适合当前纳税环境的新型大企业纳税服务体系，不断地进行有益的尝试和探索。

一、大企业纳税服务的背景

随着经济全球化的日益加快，大企业纳税服务工作面临着巨大的挑战和机遇。其鲜明特点主要有：一是大型的机构设置和庞大的资金投入，企业结构相对复杂；二是业务量大，关联交易频繁、市场覆盖面广；三是货物生产经营的流程较长，纳税周期存在一定跨度；四是企业内部经营管理专业化，会计核算健全，资金管理规范，特别是知名跨国企业，公司内部专设税务部门，聘任资深专业的税务及财务人员；五是经济效益可观，均为重点税源企业；六是自觉纳税意识及纳税遵从度较高，因此对纳税服务有更高的要求。从我国 1996 年税收征管改革以来，就逐步建立了以办税服务为基础的纳税服务体系，各级税务机关都在优化纳税服务方面努力，包括规范办税服务大厅，对外公布纳税服务厅窗口服务职责，逐渐也形成一些相关的服务制度体系，无不在方便纳税人、服务纳税人上下工夫。但是，当前纳税服务工作仍存在一些问题和不足，难以达到纳税人要求的满意度。主要表现为：

（1）机构设置不对称。大企业一般都有健全的纳税部门，专业化水平较高，较税务机关目前的组织机构及其职责模式存在严重的不对称，无法有针对性地解决一些大企业的纳税服务问题。

（2）信息不对称。主要分为税务机关对纳税人的涉税信息掌握不全面、纳税人对税收政策信息了解不细致两类。大企业纳税人即使能按照税务机关的规定报送相关资料，但出于商业保密等原因，并不会轻易披露较为齐备的资产、核算等信息。税务机关只能被动地接受企业自行申报的信息，而依据这些信息开展税收分析和纳税评估，难以保证工作质量。

（3）人员素质不对等。由于大企业机构设置复杂，业务量大，科学管理水平高，为应对经济竞争力，聘请大批高学历、高素质的专业人员。与之相比，税务人员中能全面掌握企业管理、法律、财务管理等专业技能的人才明显匮乏，在大企业管理方面尚且力不从心，更何况纳税服务的提升。

（4）纳税服务法律体系不完善。针对大企业的税收管理政策没有形成完整的系统，随意性较大。特别在纳税服务方面，无法达到与跨国企业相对应的政策制度，税务系统内部还未能建立协调高效的运行机制，只能依据当前的实际经验摸索前进，存在很大的盲目性，一定程度上制约了大企业纳税服务的提升。

（5）信息化管理技术手段滞后。税务机关虽然已经实现信息共享，但综合征管软件在很多方面仍存在较大缺陷，特别是企业的财务数据无法读取，采集的大量信息无法充分运用。与之相比，大企业都采用技术水平较为成熟的财务管理软件，其高度集中的核算内容和全面的数据信息不可能全部都提交给税务机关。

二、目前国内大企业纳税服务举措

作为纳税重点税源的大企业，其缴纳税款在全部税收中所占比例举足轻重，深入分析其企业管理特点，才能了解其纳税服务需求，从而科学确定税收管理目标，明确纳税服务的方向。构建新型纳税服务体系，一直都是各级税务机关努力探索的重要课题。

通过对我国十个有代表性城市的纳税服务举措进行统计分析显示，目前我国各级税务机关针对大企业的纳税服务主要有以下几种措施：

（一）大企业联络员制度

样本城市中约有10%实行该举措。其基本实施方案是指派专人负责税企联络，主要负责与全球500强、知名跨国企业等大企业进行定期、不定形式的全方位、深层次的沟通交流。每月关注并掌握相关企业申报纳税情况，为大企业提供相关业务申请受理、咨询、指导、联系、协调等全方位、全过程跟踪服务。

（二）税企联络沟通会议

有42%的样本城市采取此项措施，主要是通过定期召开税企座谈会，为企业代表详细讲解相关税收政策的细化内容，耐心指导企业如何切实享受税收优惠政策，并解答个别大企业纳税人关心的问题。特别在当前国际金融危机的经济形势下，引导企业调整策略，增强风险抵御能力等。

（三）深入大企业了解情况

取样城市的税务机关有63%能将此项措施落到实处，并深入调查了解实情，定期深入企业下访，能够与企业面对面共同商讨涉税问题，切实帮助企业解决涉税事项中的实际困难。此外，可以加强税务机关对大企业税源的监控和纳税服务的深入。

（四）纳税直通车服务（大企业纳税服务绿色通道）

96%的税务机关都运用此项纳税服务举措。例如，在办税服务厅增设"大企业直通车服务窗口"，为大企业涉税事项开辟"绿色通道"。对已经受理的大企业申请的涉税事项，一律在涉税资料上加盖"大企业直通车服务"印章，并予以优先处理。

（五）预约不限时服务

仅有 10% 的税务机关采取此项服务措施。该措施表现为只要大企业有需求，不论上班还是休息时间，税务机关都会在第一时间内给予快速办理，保证大企业涉税事宜得以高效快捷地完成。

（六）纳税服务回访制度

5% 的样本城市能够做到服务回访。开展纳税服务回访是推行诚信服务、加强事后控制、改善纳税服务的重要措施。首先通过上门调查、电话回访等形式到大企业进行纳税人满意度调查，有问题的事后及时改善。能够做到查中注重效率，查后跟踪服务，及时进行电话随访，了解重点企业在接受纳税服务中的情况，提高大企业的认同度和满意度。

三、国际上大企业纳税服务借鉴

在经济全球化条件下，税收法制化、民主化的提法逐渐成为国际税收方面的热点，很多税收发达国家都把为纳税人服务作为确保税收实现的基石。就像服务业"顾客即是上帝"的理念一样，国外一些国家的税务机关都把为纳税人提供满意的涉税服务视为神圣的职责和使命。

美国：服务就是宗旨。美国联邦税务局依托计算机信息技术的优势，研究开发"纳税服务分析系统"，通过收集、分类纳税人咨询的问题后，通过该系统进行归纳和定量、定性分析，以支持纳税服务决策不断适应纳税人需求的变化。开展个性化和共性化服务等各种服务方式，还对特殊纳税人的要求和问题，精心制订和实施特殊服务方案。

澳大利亚、新西兰：纳税人就是上帝。通过制定宪章的形式确立了纳税人的权利和义务，税务局以"因特网和统一的电话咨询"为主要的纳税服务手段，借助社会中介力量进行税务代理和提供税务援助来实施服务，纳税服务措施具体而又明确。例如，在电话咨询服务中规定办税人员接起电话时间不得超过 21 秒等；加强个性化服务，提供老年人电话咨询，通过因特网进行税收答疑等。

德国：纳税服务寓于征管全程。不仅实施严格有效的税务检查，还建立了细致严谨的法律救济途径。通过利用社会资源，开展社会化纳税服务，成立"纳税人协会"，随时广泛宣传普及税法。服务普及的同时与社会有关部门、中介服务组织等协调明确分工，构成了完整的纳税服务体系。

其他：英国独创性地建立税收志愿者行动，坚持全国统一的服务标准以帮助社会弱势群体；日本积极推行税务代理制度并开展形式多样的税收宣传工作；很多国家还对纳税服务的效果制定严格的考评机制等。

四、改进及优化大企业纳税服务的思考

我国税收征管的旧模式为"管制型",往往都是以纳税人潜在的偷逃税的动机为假设进行管理和防范的,由此必然形成征纳双方管理与被管理的关系,这与现代"服务型"政府的要求不适应。实际情况中,大企业纳税人都是规模庞大、资本雄厚、机构复杂的跨国企业,其纳税遵从度相对较高,一般不存在偷逃税的问题。因此对大企业应逐渐由"管制型"模式过渡为"服务型",深入贯彻"以纳税人为中心"的理念。

(一)变革纳税服务理念,树立大企业纳税服务观

为纳税人服务是整个纳税服务体系的基点。作为征税主体的税务机关要切实树立现代税收服务观,"视纳税人为顾客",认真分析纳税人的需求,在依法治税的前提下,以让纳税人满意为目标,确保纳税人合理的需求和期望得到满足,积极拓展对纳税人服务的范围和空间,不断完善纳税服务工作,同时也要积极引导纳税人不断增强维权意识,形成共同创造优质服务的良好氛围。

优化纳税服务,首先要牢固树立"服务为本"思想,通过优化纳税服务来预防涉税犯罪,逐步实现税务机关从"监督打击型"向"管理服务型"的转变,将服务基点从对纳税人不信任转为相信、尊重、服务于纳税人,以充分调动纳税人守法纳税积极性。

(二)利用社会资源,实现纳税服务社会化

税务机关是纳税服务的核心,但并不是唯一的主体,大量社会中介机构、民间非营利组织也可以参与进来。特别在涉及大企业纳税服务方面,更需要社会机构的广泛介入,从而为大企业提供全方位综合细致的管理服务。税务机关可通过不定期召开座谈会、新闻发布会,加强税务机关与包括纳税人在内的社会各界的沟通,积极争取社会各界对税务工作的了解、关心、理解和支持,营造纳税服务工作发展的良好社会环境。

构建以各种服务组织为辅助,围绕税务机关这一中心力量开展服务的纳税服务体系,从根本上促使纳税服务由内部型向内外结合型的转变。逐步完善税务代理制度,适度地在纳税服务上提供外部介入的空间,宏观全局的事务由税务机关主办,次要涉税事项放权给经由税务机关认可的具备专业认证资格的专业机构负责,以满足纳税人多元化的需求。

(三)完善纳税服务考评机制,形成服务反馈制度

建立和完善规范、公正、公平的纳税服务评价监督机制,应该从受理、服务、跟踪、调查、反馈等环节加以控制,对纳税服务工作设定奖惩制度,必须量化考核指标,让服务意识深入人心,把能否达到纳税人满意作为衡量标准,严格执行"过错责任追究"制度,形成事前、事中、事后相衔接的监督机制,不断提高纳税

服务水平，建立为纳税人提供优质纳税服务的长效机制。

税务机关应广泛延伸服务空间，定期回访纳税人，听取对纳税服务的反馈意见，从服务管理上努力与国际接轨；深入大企业，宣传政策，提供辅导，帮助纳税人分析原因、查找不足，提供力所能及的服务。反馈的收集可通过下户了解、发放调查问卷、电话随访、网络调查等方式来进行。

（四）疏通税源信息渠道，服务手段信息化

税企信息的不对称是我国税务管理服务严重滞后于国际水平的一个重要因素，能够深入细致地收集分析大企业税源信息，是更好地服务于大企业的重要突破口。不仅要立足于纳税评估、税收分析的需要，采集有关企业机构设置、经营管理、关联交易、资金物流等较为全面的数据，同时，还应该拓展信息获取渠道，挖掘社会资源，建立与海关、工商、银行、审计、证监会等相关职能部门的联络沟通制度，来丰富税源管理信息库。积极主动与大企业高层管理人员进行沟通和协调，增进理解，加强联系，保证信息的畅通。

面对大企业高度的信息化技术，没有相应管理信息平台的支持是难以实现有效管理和高效服务的。因此，必须加快税务信息化建设，构建纳税服务信息化平台，最大限度地降低征纳成本，为纳税人提供优质服务。